何歳からでも美肌になれる！

天野佳代子

小学館

はじめに

きっかけはテレビ番組『マツコ会議』にチラッと出ただけでした。思わぬ反響をいただき、「奇跡の61歳」（当時）と言われました。奇跡と言われると、少し反論したくなります。私が今あるのは、奇跡ではないと思っているからです。その訳をこの1冊に盛り込みました。あなたの生きる参考になればという、心からの願いを込めて…。

「奇跡の62歳」は、奇跡ではなく〝必然〟です

雑誌が好きで、編集の仕事が好きで、もともと大好きだった美容を雑誌で表現できれば満足でした。ページに反映させるために、化粧品情報を集め、美容法や知見を自然にマスターしていきました。有名なヘアメイクアップアーティストたちからも、撮影を通してあらゆるメイク法を学んでいきました。

趣味と実益を兼ねてこられた、無類の幸せ者であることは重々承知しています。その代わり、振り返れば遊ぶ暇がない、仕事ばかりの人生でした。

「奇跡の〜」と言われるのは、仕事を通して得た美容知識を自ら実践してきたおかげだと思っていま

す。何もしないで、努力もしないで、きれいは生まれないことも知っています。私のことを「奇跡」と評されても、お褒めいただいたとは思えず、それならば「必然」と言わしめたいのが本音です。

きれいになりたいなら、すぐに美容を実践しましょう。だからといって、日常のサイクルがおかしくなるような美容法はいりません。高価すぎる化粧品も、膨大なお手入れ時間も必要ありません。

少しの手間と、リーズナブルな化粧品、そしてちょっとした知識さえあれば、〝ずっときれい〟という奇跡があなたにも呼び起こせるのです。

人生100年、きれいでいたほうが得です

若いときはみんな一様にきれいだったのが、年を重ねるごとに、美しさに差がついてくるのはなぜでしょうか。

シワやシミ、くすみ、たるみで悩んでおられる方々は、若気の至りを理由にしがちです。海で日に焼いてしまった、メイクを落とさずに寝てしまっていたという、ありがちな失敗によるダメージの蓄積。

では、ずっときれいを保っておられる方は、海なんてもってのほか、UVケア命、メイクは毎晩徹底オフを実践してこられたのでしょうか。そんなことはなく、周りを見渡すと、誰しもが失敗を繰り返し

ています。かくいう私もそう。遊びといえばサーフ&スノウの時代。若者を取材するために、夏は海、冬はスキー場と、UVケアなんてせずに無防備な状態で出向いていていました。さらにいえば、編集部で朝まで原稿書き、なんて日常茶飯事でした。

20代、30代での失敗は、美容で取り返してきたと自負しています。方法はいろいろですが、方法以前に美に対する"意欲"が強かったのだと思います。意欲があれば、美のアンテナが立って、自分に合いそうな化粧品、お手入れ方法が自然と集まってきます。逆に諦めてしまったら、時間とともに衰えは進行していくばかり。同級生と差がつく一方です。

人生100年時代。長く生きていくのなら、きれいなほうが断然お得。良い出来事が間違いなく寄ってくるはずです。

CONTENTS

第3章

第4章

仕事を通して得た
美の秘訣を
自分流にアレンジして
きました。

コットンは使わずに
手のひらで肌の様子を
確認しながら、
化粧品を浸透させます。

高価な化粧品を使う
よりも大事なことは、
量をたっぷりと、
惜しみなく使うこと。

米
MAIHADA
肌
RICE POWER No.11
潤クリーム
KOSÉ
SOFINA
iP
土台美容液
SOFINA
HAKU
美白美容液
LISSAGE

食べることも
美肌を作る鍵。
肌と髪にいい食べ物を
積極的に。

第1章

何歳からでも美肌になれる「天野メソッド」スキンケアとは？

policy
(Amano Method)

「奇跡の62歳」は、奇跡ではなく、必然――。
その根拠は、日々のスキンケアです。
よく「とりあえず保湿しておけば大丈夫」などと
言われますが、私はそんな常識とは少し異なる
やり方で、何十年もお手入れを続けてきました。
その手法を、僭越《せんえつ》ながら「天野メソッド」と
呼ばせていただき、まずは考え方をご紹介します。

よくいわれる常識

スキンケアは「保湿」が命

天野メソッド A

「落とす」ことで肌は若返る！

よくいわれる常識

スキンケアは夜しっかり・朝あっさり

天野メソッド B

スキンケアは朝しっかり・夜あっさり

よくいわれる常識

大人の肌の角質ケアは程々に

天野メソッド｜C

大人だからこそ角質ケアは毎日

よくいわれる常識

化粧品は高価なものほど効きがいい

天野メソッド｜D

化粧品は金額より使い方

よくいわれる常識

シミやシワは化粧品ではどうにもならない

天野メソッド E

美容液を使えば シミもシワも 巻き戻せる

Amano Method

A

（「落とす」ことで肌は若返る！）

のメソッド解説

肌がワントーン明るくなるまで、不要なものはすべて洗い去る

呪文のように唱えられ、美肌の最大の要であると言われている「保湿」。もちろん保湿はとっても大事。でも、落とさないことには保湿もままなりません。「落とす」「洗う」に重点をおく理由として、古い角質を落としたほうが代謝が良くなり、健康な肌が生まれるサイクルができるという皮膚科医の理論があるからです。

でも、「落とす」「洗う」に抵抗を感じている方が多いことも事実です。現に「潤いが奪われるから、朝は石鹸で顔を洗わない」とおっしゃる方が多数。夜はクレンジングでメイクを落として、後はお湯洗いのみという方法も聞きます。

私は「落とす」と「洗う」に重点をおいています。朝は酵素パウダーで、眠っている間に分泌された汗や皮脂をしっかりと落とします。毛穴につまった汚れも一掃させます。夜はクレンジング料をたっぷり使って、丁寧にメイクを落とします。クレンジングは一度にたくさん使うので、購入率がいちばん高いアイテムです。その後、クレンジング力の高い洗顔料で洗います。洗顔後の後肌は、ワントーン明るくなっています。何より、すっきりして気持ちがいいです。

Amano Method

B

(スキンケアは朝しっかり・夜あっさり)

のメソッド解説

朝は「メイクのり」のため、夜は肌の活性化のため

スキンケアは夜にしっかり行うというイメージがありますが、私に関しては夜はかなりあっさりです。導入美容液と化粧水、その後にクリームを軽くつけるくらい。夏は目元、口元という、小ジワが気になる部位にしかクリームはつけません。

夜のスキンケアは寝ている間に枕やシーツにもっていかれてしまうから、例えばクリームなどをたっぷりつけてもあまり意味がないように思います。それよりも、化粧水や美容液を浸透させるだけにとどめて、睡眠中に行われる肌の修復力や代謝力を活性化させるほうに重きを置いています。

逆に朝はしっかりスキンケアをします。マスクなどのスペシャルケアや、美顔器を使用したお手入れも朝と決めています。朝のほうが断然効果を実感しやすいです。

ファンデーションののりもよくしたいし、日中の外的環境からも肌を守りたい。そのために保湿を中心に、段階を踏んで肌状態を整えていきます。スキンケアの最後はUVケア。夏でも冬でも、顔全体にUVクリームをたっぷりつけて、にっくき紫外線から肌を防御します。

Amano Method

C

大人だからこそ角質ケアは毎日

のメソッド解説

怠けている肌代謝にスイッチを入れて、永遠に透明肌を維持させる

肌がキレイですねとお褒めの言葉をいただいた日は、その日何を使って、どんなお手入れをしたのか思いを巡らせます。結果、角質ケアをした日に褒められる確率が高いことが判明して以来、角質ケアは欠かせないプロセスになりました。年に3回程度、皮膚科で処方された角質ケアの薬剤を使って集中ケアを行いますが、普段は毎日のスキンケアに角質ケアができる化粧品を組み入れています。

角質ケアとは、肌のいちばん上にある角質層を剥がすケアのことです。10代、20代の肌の角質層は28日周期で自然と剥がれ落ちて、新しい角質層に生まれ変わります。これをターンオーバーと呼びます。でも、大人になると肌代謝力が落ちて、28日たっても剥がれ落ちず、古い角質層のままで厚みを増していきます。これを角質肥厚と呼びます。そうなると肌に透明感がなくなり、くすみが生じてきます。このように代謝が鈍った肌を化粧品でサポートしてあげるのが、角質ケアです。

大人の肌にやりすぎは禁物と言われていますが、私の考えは違います。優しい角質ケアの化粧品で、毎日行ったほうが美肌に直結すると信じています。

Amano Method

D

（化粧品は金額より使い方）

のメソッド解説

高価なものをチビチビ使うなら、安価なものをたっぷりと、が正解

仕事柄、日々多くの化粧品に触れています。説明書に記載されている配合成分に目を通しながら価格を確認して、化粧品会社がその化粧品につけた立ち位置を鑑みます。この化粧品はどのあたりの層をターゲットにしているのか、それを分析して誌面にどう反映させていくのかを考えるのが私たちの仕事だからです。

金額でいえば、最近は10万円超えの化粧品も珍しくなくなってきました。化粧品の金額には、研究に費やされた費用や製剤費など、化粧品会社の労力が反映されています。だから、高価な化粧品はその価格なりの価値があり、当然のように高い効き目をもっています。一方で、こんなにいい成分が入っていてこの値段？ なんていう企業努力の賜物的な、良質で安価な化粧品もたくさんあります。

高価な化粧品も、安価な化粧品も、自分の予算の中で選ぶべきものです。要は使い方次第。高価だからとチビチビ使っても効果は期待できません。それならば、リーズナブルな化粧品をたっぷりと使ったほうが断然効果が出ます。化粧品は正しい使い方をしてこそ生きてくるものなのです。

Amano Method

E

（美容液を使えばシミもシワも巻き戻せる）

のメソッド解説

悩みが出てからでも遅くない、化粧品はいつだって助けてくれる

28歳の頃、目の下にうっすらと刻まれたシワを発見したときのことを覚えています。同じ頃、目の脇にポツンと茶色いシミを発見したときのことも忘れません。当時は美容のページを担当していたわけではなかったので、さほど知識もないまま、家の近所の化粧品屋さんに飛び込みました。シワには保湿力の高いクリーム、シミにはビタミンCのパウダーを勧められ、それらをせっせと使用して、なんとか解消しました。30歳を過ぎた頃からは肌のゆるみを感じはじめ、ハリの出るクリームを買いました。肌がふっくらして、満足したことを記憶しています。

こうやって悩みが出現する度に化粧品を探して、悩みが解消されると気持ちが緩んでケアを怠り、また同じような症状が現れたらトラブルに特化した化粧品に頼る…。思えば人生の大半はこの繰り返しでした。

でも、どんなときも化粧品が助けてくれました。年齢的にトラブルもより顕著になってきていますが、その分、化粧品も進化しています。エイジングの悩みは化粧品で確実に解消できる時代です。

必要なのは、
とりあえずはじめてみる
気力と行動力です!

お手入れの習慣を変えるのには、少しの勇気が必要です。でも、自分の肌が下降線を描いているように感じたら、お手入れのポイントを変えることがいちばん。この簡単な「天野メソッド」で、ぜひ肌を上向きにしてください。

第2章

詳細解説！「天野メソッド」スキンケアのすべて

skin care
(Amano Method)

第1章をお読みいただき「さあ、はじめてみよう」
と興味をもってくださったあなたに、続けて
「天野メソッド」の具体的な手順、使うアイテム、
お手入れのコツをお教えしたいと思います。
いつものご自身のお手入れとは少し違っていても、
はじめてみれば効果をすぐ感じられ、
スキンケアが楽しくなること請け合いです。

「天野メソッド」スキンケア、基本の考え方

STEP
1
まずは落として代謝を上げる

「落とす」と「洗い」がスキンケアのスタートです。メイクはたっぷりのクレンジング料で丁寧に落とす、その後は洗顔料でW洗顔。きれいにオフすることで、肌代謝が上がります。

STEP
2
潤いを入れる準備

プレ美容液で古い角質を柔軟にして、肌をさらにリセットさせます。次にくるスキンケアの入りがよくなって、潤いが倍増します。潤いのための下準備といえます。

STEP 3

たっぷり保湿

とろみ化粧水でたっぷりと潤いを補給します。もうこれ以上スキンケアは必要ないかも、と思わせるくらい、肌をしっとり&もちもちさせます。2〜3度重ね塗りするつもりで。

STEP 4

シミやシワのケア

肌悩みを改善してくれる美容液を使います。大人の肌におすすめなのは、美白ケアかシワケアの美容液。どちらも気になる人は両方使います。悩みを修復させるという気持ちで。

STEP 5

潤いを閉じ込める

すべてのスキンケアにフタをするつもりで、クリームを重ねていきます。クリームには肌の水分蒸散を防いでくれる保護的な役割とともに、肌をふっくらさせる効果もあります。

具体的にやること、使うもの

STEP 1

朝洗顔・夜クレンジング&洗顔

朝は酵素パウダーを使い、夜間に分泌された汗、毛穴にたまった皮脂を根こそぎオフします。夜はクレンジングバームでメイクオフした後、さっぱり洗い上げるクレイ洗顔料で洗顔。

STEP 2

プレ美容液

角質ケアをしながら肌を整えて、化粧品の入りをよくするプレ美容液を使用。洗顔後の顔全体に塗って、3分程度おきます。この間に角質が整い、化粧水の入りが格段に上がります。

STEP 3

① 化粧水 ② 朝シートマスク

ここで十分な保湿ができるよう、とろみ化粧水でたっぷり保湿。乾きがひどいと感じた朝は、シートマスクに切り替えます。この段階の超保湿で、夜まで乾き知らずな肌になります。

STEP 4

美容液

シミやくすみが出ないように、顔全体に美白美容液を塗って手のひらでなじませた後、シワ改善美容液を額、目の周り、法令線、そのほか気になるところに部分づけします。

STEP 5

クリーム

肌全体にハリが欲しいので、クリームはリフトアップ効果のあるものを選びます。肌を引き上げながら塗り込むとハリが出て、クリームの被膜で肌はもっちりふっくらします。

メイクも皮脂も汗も、落としたもの勝ち。年齢を重ねる程、「落とし」に重点を置く

「落とさないと、入らない」

これが私の持論です。メイクはもちろんのこと、皮脂や汗、毛穴の汚れまで、スキンケアにおいて重きを置くべきは、「落とし」で肌をまっさらな状態にすること。そうしないと、次にくるローションや美容液の入りが悪くなります。

理由は、落とすことで肌代謝を活性化させることにあります。

大人になると、途端に鈍くなるのが代謝機能。皆さんが最も実感されているのはダイエットでしょう。若い頃は食べる量を少し抑えただけですぐに体重は落ちたのに、大人になると少し量を抑えただけではまったく効かず、かなりの節制をしたとしても、効果が出るのにずいぶん時間がかかる…。これは〝代謝が悪くなった〟顕著な例です。

肌も同じで、年齢とともに代謝が落ちていきます。

肌は約28日周期で生まれ変わっています。肌の表面の角質層が約28日で剥がれ落ち、下にあった新しい角質層が肌表面に現れます。これをターンオーバーといいま

す。ターンオーバーが正常に機能していると、紫外線に刺激されてメラノサイトから排出されたメラニン色素が角質層に上がってきたとしても、古い角質層が剥がれるときに一緒に剥がれるので、シミやくすみなどとは無縁の肌になるのです。

しかし、代謝が落ちてターンオーバーが正常に機能しなくなると、古い角質層が肌表面にずっと居座ることになります。剥がれ落ちない角質層は幾重にも積み重なって、角質肥厚という状態に陥ります。症状としては肌に柔らかさがなくなる、肌がごわつく、ザラつく、顔全体がくすむ、シミが目立つなどです。

角質肥厚の弊害は、スキンケアの浸透力にも影響してきます。厚い角質層が壁になって肌奥まで浸透しないから、つけてもすぐに乾くという現象が起きます。乾燥状態を放置しておくと、シワやたるみを呼び起こすことにもなります。

角質肥厚を起こさない代謝のいい肌にするためには、日頃からよけいなものはためないこと。そのために「落とし」に重点を置きます。

「その日の汚れはその日のうちに」は当たり前ですが、汚れをしっかり落としながら、洗顔後の後肌を考慮した洗顔法を行うことをおすすめします。

朝はメイクがのりやすい肌になるように、酵素パウダーで洗顔。寝ている間に出ている皮脂や汗を落としながら、毛穴の汚れまで除去します。酵素パウダーはすっきりするわりに後肌に潤いが残るので、メイクののりもよくなります。

夜はメイククレンジングから。長い間、クレンジングオイルを愛用していましたが、最近はさらにしっかり落とせるクレンジングバームに切り替えました。

クレンジングバームをたっぷり取って、肌にのばした後、少し水分を足して乳化させながらメイク汚れをなじませていきます。

クレンジングを流した後はクレイ石鹸を使って、肌に残ったクレンジングのヌルつきとともに皮脂や汗を一掃します。

以上、私が長いこと実践している「落とし」の方法です。肌も気分も清々しくなるので、かなり気に入っています。何より、肌状態をずっとキープできているのは、この方法のおかげだと思っています。

朝も夜も、肌がまっさらになった状態で、すぐに次のステップに入ります。「落とし」で肌が完全にリセットされているので、次のスキンケアが気持ち良く浸透していきます。言い換えると、スキンケアの品数を過剰に必要としない肌になるということです。

くすみやシミのない透明感のある肌を目指す方は、まずこの「落とし」を取り入れてみてください。

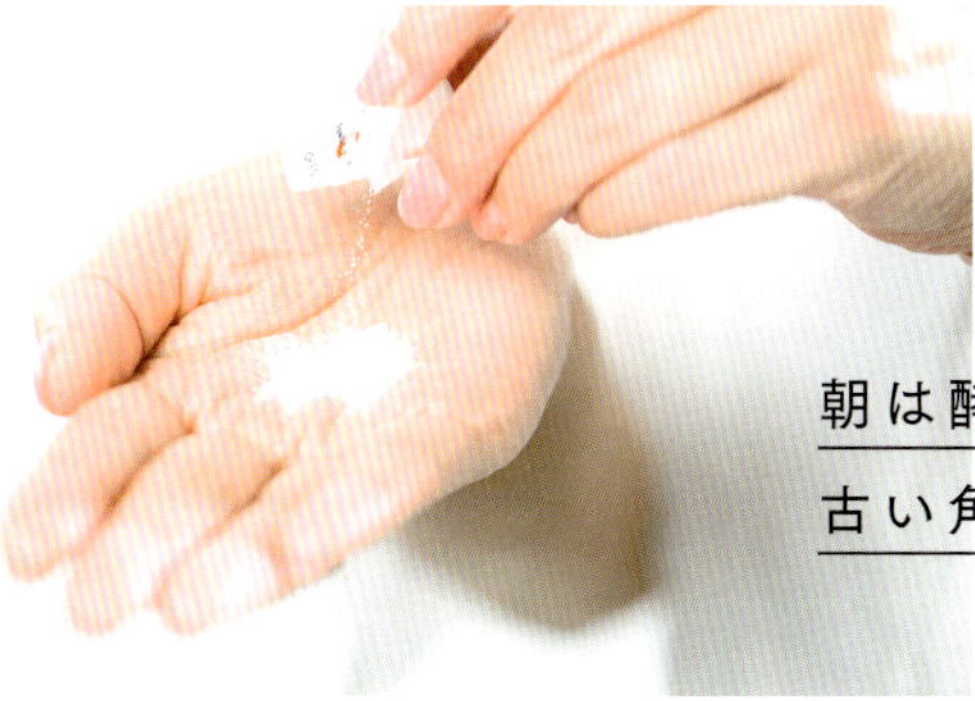

朝は酵素パウダーで、
古い角質を落とす

夜はクレンジングバームと
クレイ洗顔料で汚れを落とし切る

朝の酵素洗顔メソッド

年齢や肌質を問わず、毎日の朝洗顔に取り入れてほしい
毛穴すっきり＆後肌なめらかの酵素パウダー。
夜の間に分泌した皮脂などをきちんと落とし切ることで、
メイクののりも確実に変わります。

1 泡を作って手のひらに広げる

パウダーに少量のぬるま湯を加えて泡立て、両手のひら全体に広げる。酵素パウダーはあまりモコモコと泡立たないので、写真くらいでOK。

2 泡を顔全体に優しくのばしていく

肌の上で泡を軽く転がすようにして、顔全体にのばす。このとき、力を入れて指でこすってしまうと肌への刺激になるので、優しい力で行なって。

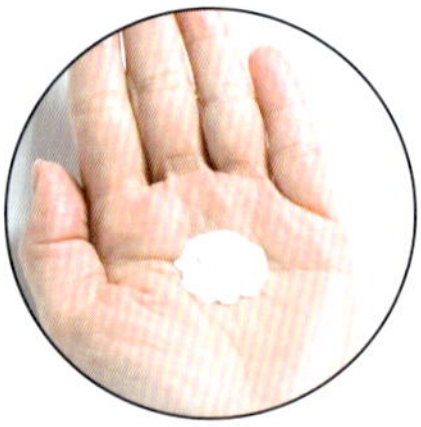

使用量

小分け容器の1個分
（ティースプーン1杯程度）

3 小鼻周りは指を使って丁寧に

続けて小鼻の脇を洗う。毛穴汚れが特に気になる部分だけれど、凹んでいるため泡が届きにくいので、指先を使って忘れずにフォロー。

4 忘れやすい生え際やフェースラインも

額の生え際は、汚れが残りやすくザラつきや吹き出物が出現しがちな部分。そのほか、耳の前、あごの下などにも、きちんと泡が行き渡るようにのばして。

おすすめアイテム

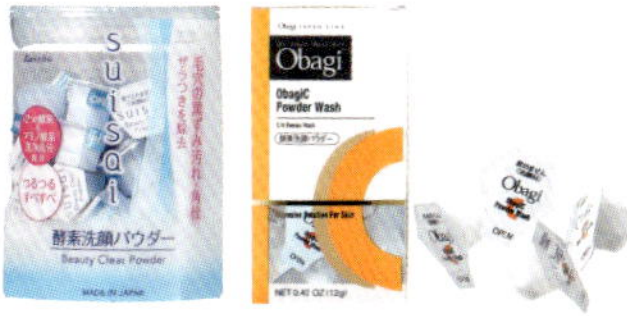

右／ピュアビタミンCと２種の酵素を配合。毛穴の奥まですっきり快適！　ロート製薬 オバジC 酵素洗顔パウダー 30個入 ￥1,800　左／ツルツルの洗い上がりがクセになる♪ 酵素洗顔パウダーの定番。カネボウ化粧品 スイサイ ビューティクリア パウダーウォッシュ 0.4g × 32個 ￥1,700（編集部調べ）

夜のクレンジングメソッド

バームタイプを使って、メイクをしっかり落とします。
注意するべきは量。量が少ないと摩擦が肌への刺激になったり
汚れが十分に落とせなかったりするので、
ケチらずたっぷり使いましょう。

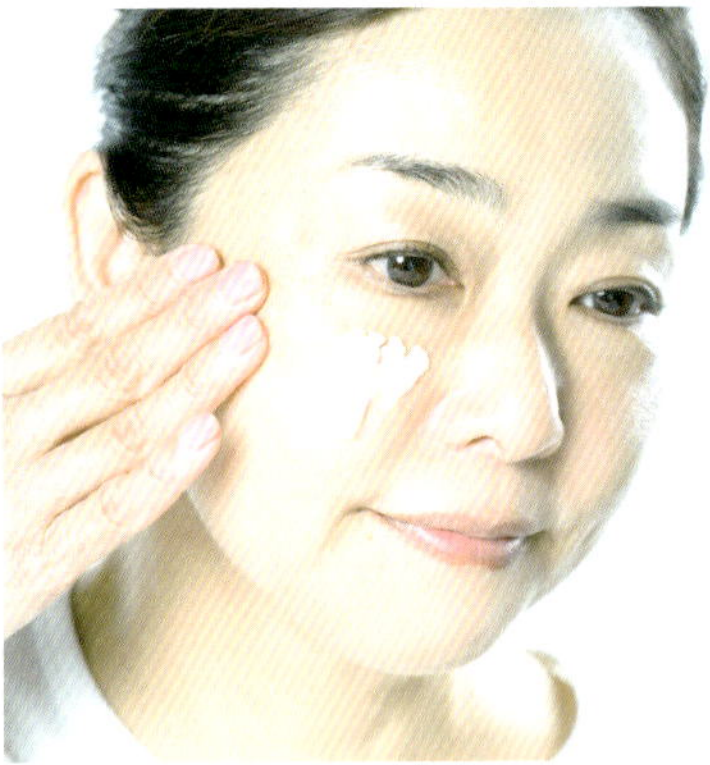

1 頬に直接たっぷりのせる

クレンジングバームを手に取ったら、ゆるめずにそのまま両頬へのせる。バームはとろけるときに汚れやメイクとなじむので、手の上ではゆるめない。

2 くるくるとのばしてメイクをなじませる

指をくるくると動かしてなじませる。バームが柔らかくなり、肌の上でとろけながらメイクが徐々になじんでいく、その心地よさを楽しんで。

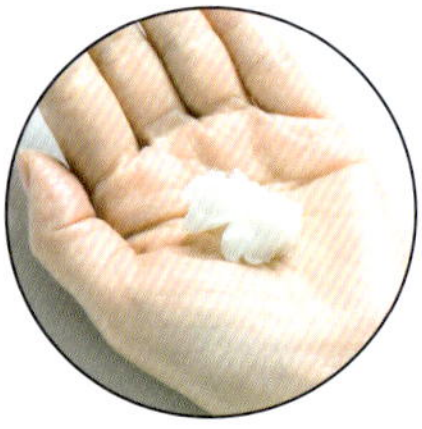

使用量

直径3cm程度

3 アイメイクも すっきりオフ

バームは洗浄力が高いので、普段のアイメイクならこれひとつですっきり落とせて便利。アイメイク料が顔全体に広がらないよう、目元は最後に。

4 乳化させてから ぬるま湯ですすぐ

バームがオイル状に変わり、指が軽くなったらメイクが浮いた合図。少量の水分で乳化させてから、ぬるま湯で肌のヌルつきがなくなるまで洗い流す。

おすすめアイテム

右／メイクで人気のブランドらしく落ち具合がパワフル！ なのに肌に優しい。イヴ・サンローラン トップシークレット クレンジング バーム 125ml ¥5,800
左／ローズの香りとピンクのパッケージで、使うのが楽しみに。メイク落ちも申し分なしです。RMK モイスト クレンジングバーム 100g ¥3,200

夜のクレイ洗顔メソッド

汗や皮脂、肌にわずかに残ったクレンジングまで
クレイ入り洗顔料で一気にオフします。
繊細な泡に癒されながら、クレイの吸着力で
毛穴の奥まですっきり洗い上げ、肌をまっさらな状態に。

1 両手でたっぷりの泡を作る

ぬるま湯を加えながら泡立てる。クレイタイプの洗顔料は、その吸着力で汚れを落とすため、大量には泡立たないものも多い。写真程度の量が目安。

2 泡をクッションにしながら広げる

作った泡を顔全体に広げていく。泡が手と肌の間でクッションになる。肌をこすることなく、泡をキメの奥まで入れ込んでいくイメージで。

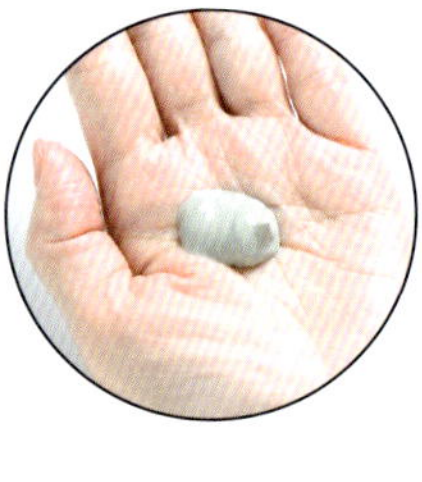

使用量

チューブから3cm程度

column

シャワーを使うときは“ひっぱたきすすぎ„を

シャワーで洗い流すときは、頬をたたく“ひっぱたきすすぎ”を実践中。パンッと音が出るくらい強めにたたくのがコツ。肌がシャンとしてハリが出る気がします。

3 毛穴が気になる小鼻などは丁寧に

小鼻周りを中心としたTゾーンは、クレイの吸着パワーを特に発揮させたい部分。泡で包み込み、指の腹で細部まで優しく念入りになじませて。

おすすめアイテム

右／モロッコ産天然クレイ配合で、毛穴まですっきりクリアに洗えてなめらかな肌に。カネボウ化粧品 リサージ ミネラルソープ 125g ￥2,300　左／ふわふわの泡で毛穴の奥の汚れまでオフ。肌色が明るくなり、後肌も乾きません。資生堂 洗顔専科 パーフェクト ホワイトクレイ 120g ￥560（編集部調べ）

化粧品の実力を発揮させるためにも
プレ美容液でスキンケアの下準備

前パートでは、「落として入れる」を提唱しました。クレンジングや洗顔できちんと落とせば、スキンケアの浸透力も高まるという考えです。

でも、ここにもう1ステップ、さらに浸透力を高めるためのプロセスを紹介させてください。

アイテムはプレ美容液です。ほかにブースターという呼び名もあります。

プレ美容液というのは、次にくるスキンケアを受け入れやすい肌状態に整えてくれる役割があります。

受け入れやすい肌を言い換えると、スキンケアがなじんで吸収しやすい肌にするということです。

美容において、「なじませる」というこの手法はとても大切です。

肌の不調によって、スキンケアが広がっていかないという経験をおもちではないでしょうか。肌の上を上滑りして、いつまでたっても浸透しない感覚です。これは角質肥厚が原因と思われます。その逆で、何かの原因で角質が薄くなりすぎてしまった場合でも、同じようなことが起こります。

こういった現象、私の場合はもう長いこと経験がないのですが、若い頃、海で日焼けした後にはよく起こっていました。紫外線によるダメージで、肌が炎症を起こしているときです。化粧水をつけてもつけても浸透の実感がないまま、肌は容赦なくどんどん乾いていきます。そのうち肌がパリパリになって、メイクすらできない状態になってしまいます。スキンケアをまったく受けつけないという、かなりひどい実例です。

以上、挙げた例は特殊でしたが、普段のスキンケア時でも起こりがちです。肌の不調は別段感じていないから、スキンケアはちゃんと浸透していると思い込んでいたら、実はそんなに浸透していなかったなんてこと、意外とあるのです。環境やらホルモンの関係など、目には見えない出来事に起因して、肌内ではいろいろなことが起こっているものです。

せっかくのスキンケアを十二分に浸透させられるように、スキンケアプロセスにはプレ美容液が必要なのです。

プレ美容液は、スキンケアをなじみやすくさせる美容液です。肌全体に広げておくことで次の化粧水が即座に肌になじんで、浸透効果を高めてくれます。

プレ美容液は大きく分けて二種類あります。潤いを満たして浸透力をアップさせるもの、角質ケアで浸透力をアップさせるものです。

　私はどちらも大好きなのですが、ここでおすすめするのは、後者の角質ケアもできるもの。「落とし」ですっかりまっさらな状態になった肌ですが、角質ケアができるプレ美容液で肌を整えて、肌とスキンケアのなじみをよくしながら、浸透力を最高値まで引き上げていきます。

　使い方は、洗顔後の肌にすぐ薄くのばすだけ。プレ美容液によっては、肌になじむまで少し時間をおいてから次のステップに入ったほうが、より効果を発揮するものもあります。

　一度使うと、"入り"に格段の差が実感できて、きっと手放せなくなるアイテムになると思います。

プレ美容液のメソッド

落とすケアの終了後、与えるケアの前に使うプレ美容液。
洗顔でまっさらになった肌表面をさらに柔らかく整えて、
次に使うアイテムを受け入れるスタンバイがより一層万全に！
丁寧になじませたら、少し時間をおくのがポイントです。

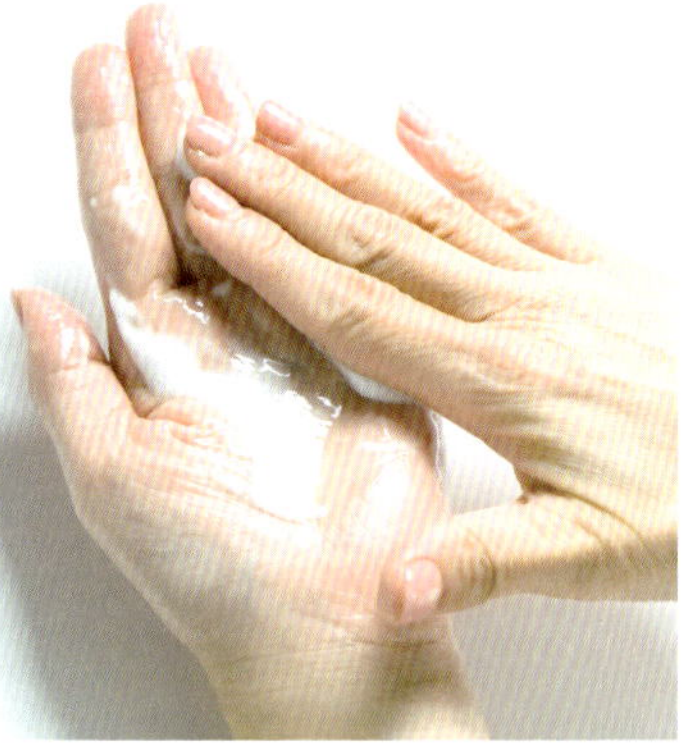

1 手のひら全体に広げる

手のひらにとったら手早くのばす。泡タイプの場合、写真のように優しくつぶすようにして。

2 顔全体になじませる

両頬、額、あご、目元、と顔の広い部分から塗布し、手のひらで軽く押さえるようになじませていく。手の温度でさらに肌なじみがアップ。

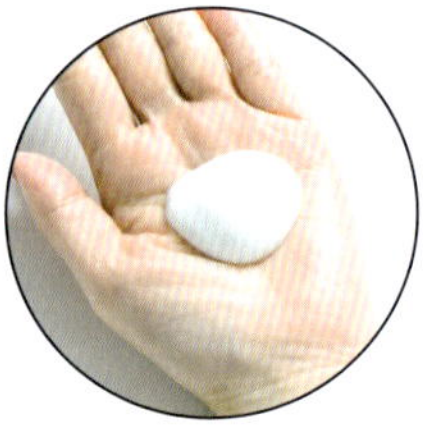

使用量

直径4cm程度（泡タイプの場合。液体タイプなら2cm程度）

column

塗るお手入れは、すべて首からデコルテまで

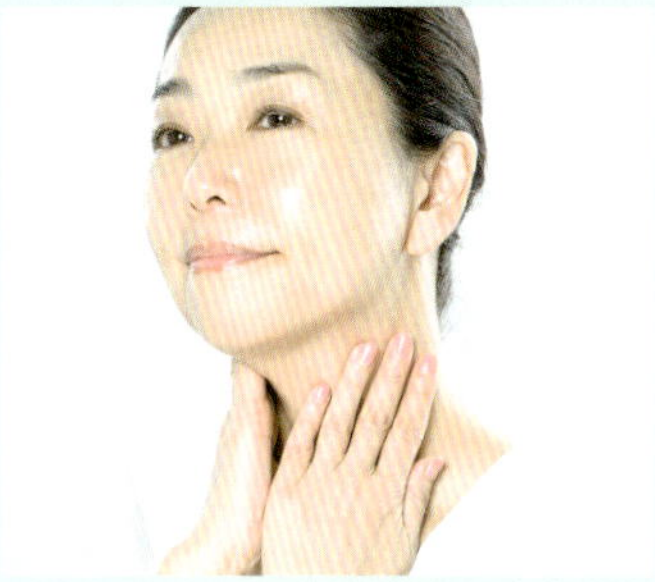

肌に与えるアイテムは、首からデコルテまで塗るのが基本。「首元は皮膚が薄く乾燥しがちで、年齢も出やすい部分。量を多めに使う理由はここにもあります」

3 塗り忘れしやすい部分も意識して

目頭の辺りなど、顔のくぼんだ部分は指の腹で軽くなじませて。塗り終えたら、3分程度おいてしっかり浸透させてから次のステップへ。

おすすめアイテム

右／導入、角質ケア、血行促進など多彩な働きをもつ便利な1品。花王 ソフィーナ iP ベースケア エッセンス（土台美容液）90g ￥5,000（編集部調べ） 左／クリニック開発のロングセラー。塗るだけでOKの角質ケアで代謝を整えると、次に使う化粧品の“入り”も格段に違います。タカミ タカミスキンピール 30ml ￥4,800（2019年9月30日まで￥4,584）

こっくりとろみ化粧水をたっぷり使って、肌に潤いの皮膜を作る

日本人は化粧水が大好きな国民といわれています。世界的にみても、日本では化粧水がよく売れているということです。

私も化粧水が大好きです。化粧水をつけると肌がふくふくと喜んでいるような感覚を得ます。その感覚にいつまでも浸っていたくて、"つけて浸透"を3回も繰り返すことがよくあります。

化粧水の役割は大きく分けてふたつ。角質剥離効果をもつ"拭き取りタイプ"、水分保持効果をもつ"柔軟タイプ"です。私の場合、「落とす」で角質ケアはできているので、化粧水は潤い保持のために使います。

テクスチャーはいろいろです。さっぱりタイプからこっくりとろみタイプまで、あらゆる質感があります。選び方はご自分の好みと乾燥具合でお決めになればいいと思います。

私は乾燥肌なので、夏でも冬でもこっくりタイプのとろみ系を使っています。化粧水の前の角質ケアのおかげで、化粧水が素直にグングン入り込んでいきます。こ

っくり化粧水は浸透力がありながらも表面には膜が張ったような頼もしい潤いが残るので、長時間、乾き知らずの肌になれます。ファンデーションののりもとてもよくなります。

つけ方は、まず手のひらにとろみ化粧水を出して、両手のひらにのばした後、肌全体に行き渡らせます。次に乾きやすい箇所、シワが気になる箇所に重ねづけをします。私は額、目の周り、口元のシワが気になるので、この3か所につけます。テクスチャーがこっくりしているから肌へのとまりもよく、重ねづけがしやすいのがこのタイプのいいところ。ポイントは、最初に手のひらに出すときの量です。私はかなり大量に使います。大量に使う程、潤いの被膜に厚みが出るからです。

また、最近のこっくり化粧水には美容液並みの保湿力があるので、乾燥が激しくない時期であれば、これだけでスキンケアを終えてしまうこともあります。

化粧水のメソッド

ここまでのステップで角質が柔らかくほぐれて、
受け入れ態勢はバッチリ。好みのテクスチャーや保湿力の化粧水を、
肌のすみずみまでたっぷりと浸透させましょう。
コットンではなく、手の温度でなじませながらつけるのが天野流。

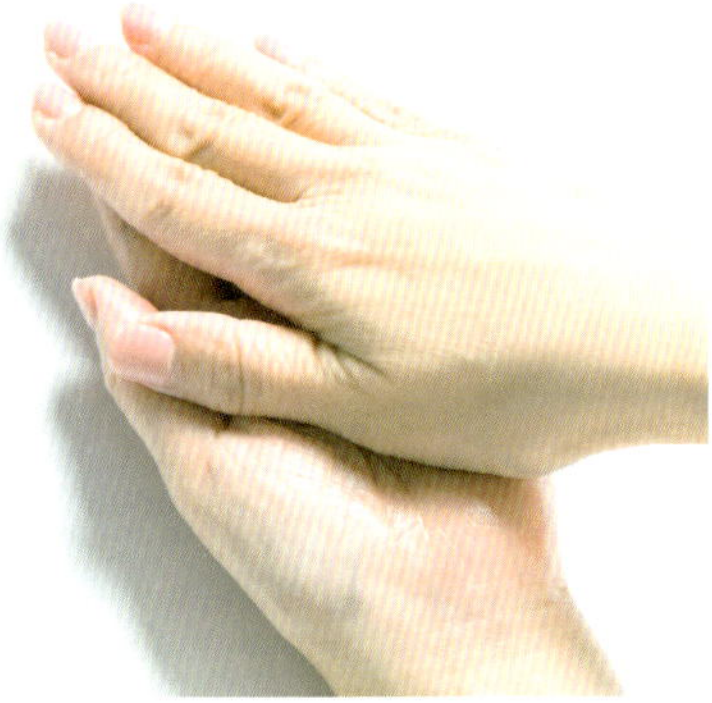

1 手のひらに手早く広げる

とろみのある化粧水を手のひらに手早くのばす。指の間からこぼさないように気をつけて。

2 顔全体に入れ込むようになじませる

手のひら全体を使って、肌に入れ込むようにしてなじませていく。

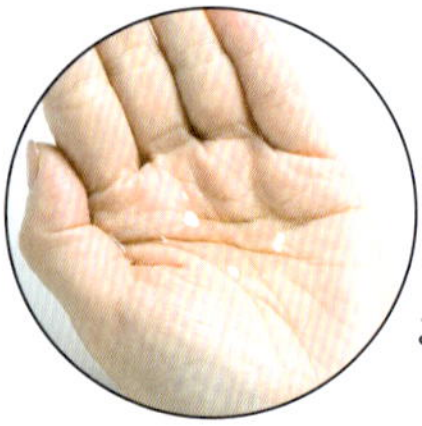

使用量

手のひらをくぼませ、
こぼれない程度にたっぷり

3 乾きやすい部分は重ねづけを

手に残った化粧水は、目の周りや額、口元など、乾燥やシワが気になる部分に、指を使って丁寧になじませる。

4 軽く圧をかけて浸透させる

最後に手のひら全体で顔を包み込む。手のひらの温度で化粧水が肌になじみやすくなり、浸透力もアップ。

おすすめアイテム

右／優しいとろみで肌の奥までスーッと浸透。美容液級の潤い実感は、乾燥肌の強い味方です。花王 エスト ザ ローション 140ml ￥6,000　左／発酵成分配合のみずみずしい感触。肌のキメが整い、くすみも晴れて明るく。エスティ ローダー マイクロ エッセンス ローション フレッシュ 200ml ￥12,500

その即効性を最大限に実感するために
シートマスクは必ず朝使います

マスクといえばスペシャルケアという、特別なお手入れをイメージする方が多いと思います。ここぞというときの勝負スキンケア的な位置づけで、いつそのときがきてもいいように、常備されておられる方もいらっしゃると思います。

洗い流すタイプや、剥がすピールオフタイプなど、マスクにはさまざまな種類がありますが、ここ10年を振り返るとシートタイプが主流になっています。クリームを塗る手間が省ける、洗い流しも不要というその手軽さから、もはやスペシャルケアではなく、デイリーケアの1ステップとして使う人も増えています。

安価なシートマスクを毎日使う、保湿効果をさらに上げるためにお風呂で湯船に浸かりながら使うなど、自分流の使い方をして、効果を最大限に上げておられる方もいらっしゃいます。

私はシートマスクを朝に使用します。朝起きて、肌の疲れがとれていないと感じたときや、乾燥が気になるときなどに使用します。特に冬の時期は、より出番が多くなります。

最近はシートの素材に工夫がなされ、表情を大きく動かしても、大きな動作で動いても、ピタッと密着したまま剥がれないというものもあるので、掃除をしながら、洗濯をしながらなど、ながら使いができるのが魅力。

さらに効果的な使い方をひとつ。シートマスクを取り出すと、袋の中に液がたっぷり残っています。これを捨ててしまうのはあまりにももったいない。手もちのコットンを用意して、コットンに余った液をすべて浸します。それを薄く裂いて、シートマスクの上にのせていくのです。特に目周り、口周りなど、乾燥しやすい箇所を重点的に。こうすると、肌への密閉力が高まると同時にたっぷりの液が浸透して、シートマスクの効果が倍になります。ぜひ試してみてください。

シートマスク人気で、市場には安価なものから高価なものまで出そろっています。シートに浸されている製剤は、化粧水、美容液、中には乳液など、肌状態によって使い分けができる程バラエティに富んでいます。

どのタイプであってもシートマスクの効果は即座に表れます。シートマスク後の、あの肌の潤い感やふっくら感を一度でも味わうと、なくてはならないアイテムになることは必至です。

朝シートマスクのメソッド

前の晩にきちんとケアできなかったときや、
肌の乾燥を特に感じる日など、潤いを集中補給したいときに使用。
肌が十分潤っているとメイクののりが一気に良くなるので
時間に余裕がある朝には積極的に使いましょう。

シートマスクを選ぶ決め手は、たっぷりの保湿効果と、動いても剥がれない密着感。マスク中、上を向いてジッとそのまま…という事態は、忙しい朝には避けたいものです。

おすすめアイテム

右／厚みのある柔らかい密着シートで剝がれにくい。ロハス製薬 オルフェス ダイヤモンドモイスチャー アクアモイスチャー シートマスク 1枚 ¥176　左／超乾燥肌のためのスーパー保湿マスク。シルクのような肌触り。クオリティファースト オールインワンシートマスク グランモイスト 32枚入り ¥1,500

point

☑ 週に1〜2回、化粧水の代わりに

「潤い補給が目的なので、シートマスクをしたら化粧水は省き、次のステップに進みます。使うアイテム数はむやみに増やしません」

☑ 貼る時間は10〜15分程度

「貼りながら身支度や用事をしていればあっという間に時はたちます。朝の貴重な時間を無駄にせず、“ながらケア„をしましょう」

☑ シートが剥がれやすいときは

「袋に余った液や、いつもの化粧水を浸したコットンをマスクの上から重ねて。潤い効果アップ＆マスクの密着感も増し一石二鳥！」

〝不意打ち顔認証〟にショックを受けたら美容賢者たちが推す化粧品を

自分のことなのに、自分の顔については、実は自分がいちばん知らないんだなあと思うことが時々あります。

鏡を見るときは、自分がよく見えるように無意識に顔を作っているものです。加齢で老化が進行していることは知っているけれど、その真実を目の当たりにしたくないという自己防衛本能が働いて、鏡に映るときは自然と顔を作っているものなのです。でも、不意打ちを食らうことがあります。歩いているときにショップのウインドウに映った自分の顔や、キッチン用品売り場に並んでいるステンレス製の鍋に映った自分の顔など、ぼんやりしているときにいきなり自分の顔を目の当たりにすると、小さい声で「マジ?」と口に出してしまいます。

これが今のあなたの本当の顔なんですよ、ということはつまり、人の目にあなたの顔はこう映っているんですよということで、しばらくは暗い気持ちを抱えながら生きていくことになります。もっと「マジ?」と思うのは、地下鉄の窓に映る顔です。真上にある車内灯の光を受けた顔が薄暗い車窓に映ると、顔のくぼんだ部分が強調され、その姿はまるで老婆のようです。誰しもが5歳から10歳は年をとって見えます。

以前、『美的』で「電車の窓に映る顔」という企画を出して、「電車の窓に映る顔はあなたの未来の顔」という脅しめいたページを作ったら、読者から大反響をいただきました。あのときは、みんなも電車の窓に映る自分の顔にショックを受けていたんだなと、妙な連帯感を感じて安心しました。これら"不意打ち顔認証"という出来事を重ねて、人は自分の顔の老化具合を確認します。そのときに、よし！今日からお手入れを頑張ろう！と思った方こそが、美への道が開ける方です。かく言う私も、落ち込みと意気込みの繰り返しで今までやってきています。

なんたって、シワもシミもくすみもハリのなさも、すべて化粧品で改善できる時代なのです。昨今のエイジングケア化粧品の進化は目覚ましいのです。

新製品が発表される度に、各社研究員からの研究成果が発表されます。彼らのプレゼンテーションを聞いていると、その着眼点はもはや化粧品ではなく、医療の分野であると思わされます。

厳しい薬事法が壁になって、化粧品で効果・効能は謳えません。研究員の発表も、ほとんど雑誌には掲載できません。私たち編集者は、薬事法に触れない言葉を駆使して、まわりくどい表現を使って、読者に訴求していくしかないのです。

それら曖昧な表現の中から本当にいいエイジングケア化粧品を世の中の女性がどう見分けていくのか。あふれる情報からひとつを選ぶのは至難の業だと思います。ひとつ方法があるとすれば、美容誌に登場している美容ジャーナリストや美容賢者が推すエイジングケア化粧品です。彼女たちは、研究者のプレゼンテーションを熱心に聞いています。実際に使用して、自分の肌で効き目や使い心地を分析します。その上で掲載する化粧品を絞っているので、彼女たちの情報は確かと言えます。

私も同様に、各社研究結果の説明を経て、エイジングケア化粧品を使っています。シワにはシワ改善美容液、シミ、くすみには美白美容液、たるみにはファーミングクリームなど、悩みに合わせて使用しています。特にここ数年は、シワ改善の分野における研究は進んでいて、美容医療並みの効果が期待できるものもあります。

不意に映った自分の顔にびっくりするようになったら、エイジングケア化粧品を取り入れてください。夢の若返りも現実になり得ます。

美白美容液のメソッド

継続使用することで肌のくすみ解消を実感できる
美白美容液は、年間通じて取り入れたいアイテム。
全顔用タイプを使う場合でも、シミやソバカス、
くすみが気になる部分には特に意識的に重ねづけしましょう。

1 指を使って全体になじませる

一気にのばし広げるというより、気になる部分から指でのせていくようにして、全体に行き渡らせるのがポイント。

2 細かい部分には特に念入りに

目の下は皮膚が薄く、紫外線の影響を受けやすい部分。指で押さえるようなイメージで丁寧に。

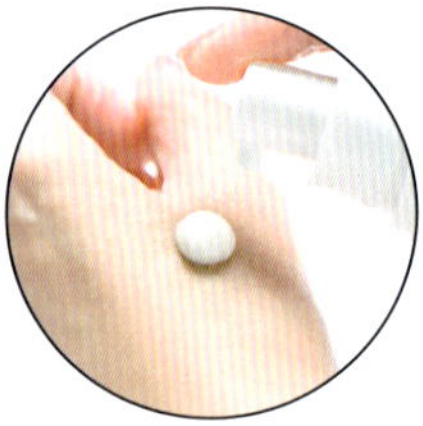

使用量

直径1.5cm程度

3 シミができやすい部分は重ねづけを

シミ・ソバカスが早い段階でできやすい頰の高い位置は、手に残った美容液を集中的に重ねづけして。

おすすめアイテム

右／4MSKやm-トラネキサム酸といった資生堂の美白有効成分は、やはり信頼できます。資生堂 HAKU メラノフォーカスV［医薬部外品］45g ¥10,000（編集部調べ）　左／年齢を重ねた肌のシミの根に着目。コーセー インフィニティ アドバンスト ホワイト XX［医薬部外品］40ml ¥10,000（編集部調べ）

シワ用美容液のメソッド

最近、業界でも話題のシワ改善美容液は、
シワの気になるパーツに部分使いします。
額、目の周り全体、口元など、
シワやたるみの目立つ部分に指で集中的に塗り込んで。

1 笑うと目立つ目尻のシワに

くっきりと刻まれやすい目元のシワは、強く引っ張らず、溝に入れ込むように。下まぶたにもたっぷりと。

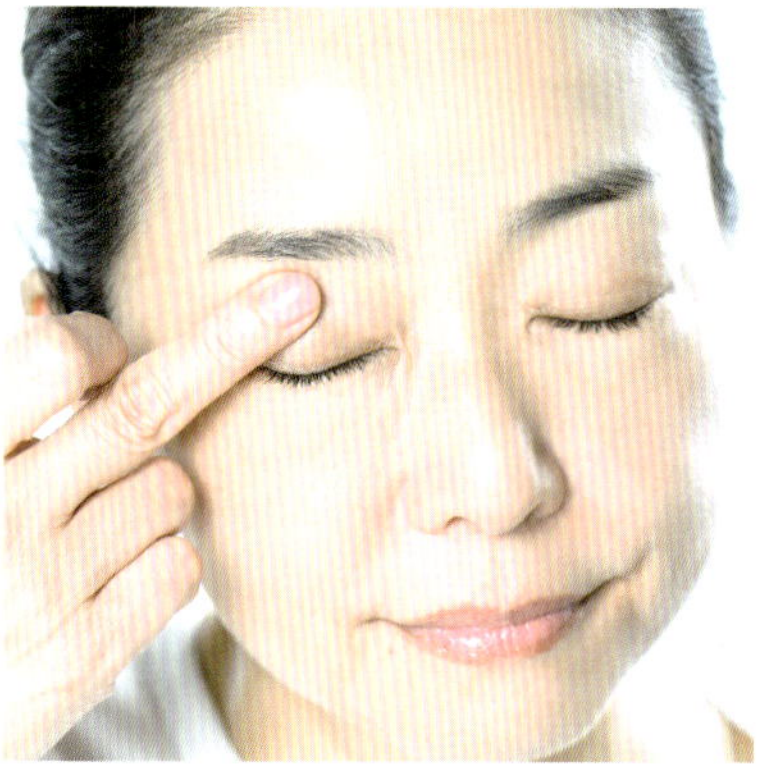

2 しぼんだまぶた全体に

ハリが失われてしぼみがちな、ちりめん状のシワが出やすいまぶたにも、優しくなじませる。

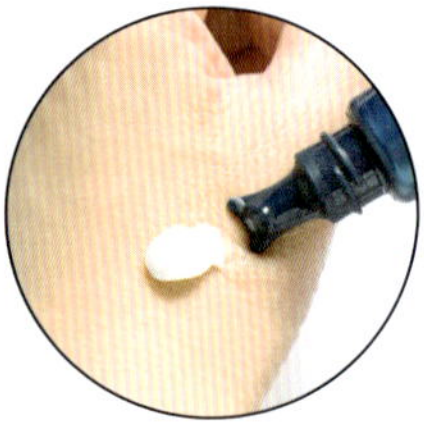

使用量
直径1cm程度

3 老け見えする法令線に

頬を軽く引き上げながら、法令線に沿って丁寧に塗っていく。唇の周りのシワ、マリオネットラインにも。

4 範囲が広い額のシワに

シワと垂直になるように指を動かし、溝の中に塗り込む。ほかにもシワが気になるところはすべて。首もおすすめ。

おすすめアイテム

右／史上初のシワ改善化粧品として大きな話題を呼んだヒット作。肌質を選ばないなめらかな感触。ポーラ リンクルショット メディカル セラム［医薬部外品］20g ¥13,500　左／最先端の化粧品なのにリピートしやすい価格がうれしい。コーセー ONE BY KOSÉ ザ リンクレス［医薬部外品］20g ¥5,800（編集部調べ）

艶をたたえた美しい若肌は たっぷりのクリームで作れます

スキンケアの最後の仕上げはクリームです。

これまでのステップで重ねてきたスキンケアをクリームで閉じ込めるような感覚で、たっぷりとつけます。これで乾燥から肌を完全防備できます。

〝日本人は化粧水が好きな国民〟と、化粧水のページで書かせていただきましたが、反してクリームは苦手な人も多いようです。ベタベタする、いつまでも肌に残るという不満をおもちのようです。そんな声を反映して、ライトなテクスチャーのクリームがずいぶんと発売されました。潤い感や効果は同じだけれど、テクスチャーだけが軽いというものです。

最近はさらに軽さが追求され、ジェルクリームが人気を博しています。私も夏の間はジェルクリームを使ったりしますが、やはり濃厚なクリームのほうが頼り甲斐があって好きです。クリームは肌の水分蒸発を最小限に抑えてくれます。今は空調の関係で、どこにいてもいつなんどきでも肌は乾燥下にあります。放っておくと、ファンデーションが浮いてきて、肌質によっては粉をふいたような状態にもなってしまいます。この症状を乾燥くずれと言います。クリームで肌を保護しておくと外気の影響を受けずにいられるから、ファンデーションが浮く心配もありません。

私の場合、外気の影響を鑑みて、朝は多めにつけます。ファンデーションがくずれやすくならない？と疑問を感じる方もおられるかもしれませんが、クリームをつけた後は手のひらでプッシングをすれば、肌上に薄く均一になじみます。逆に夜のクリームは少なめです。夜は寝るだけなので、保湿を維持する程度の少ない量ですませます。

朝晩共通しているのが、顔だけではなくて首からデコルテまでクリームをのばすこと。首やデコルテは皮脂腺も少なく、顔以上に乾く箇所なので、クリームでしっかり保湿をします。

また、冬はクリームを小さい容器に移して、ポーチの中に常備しておきます。外出中に肌の乾燥を感じたら、手のひらに薄くのばして、顔を軽く押さえながらクリームをつけていきます。こうすると、乾いた肌であっても艶が甦ります。

朝晩、日中、常にクリームを活用すれば、美艶肌も夢ではなくなります。

クリームのメソッド

ステップの総仕上げとして、肌を保護するのがクリーム。
日中に肌が受けるダメージ要因に備えて、
朝にたっぷり使うのが天野流。ベタつくのが苦手な人も、
肌表面に残った油分は手でプレスしてなじませれば解決です。

1 まずは顔全体に均一にのばす

クリームを両手で広げて柔らかくしてから、ザッと全体にのばす。首からデコルテまで忘れずに。

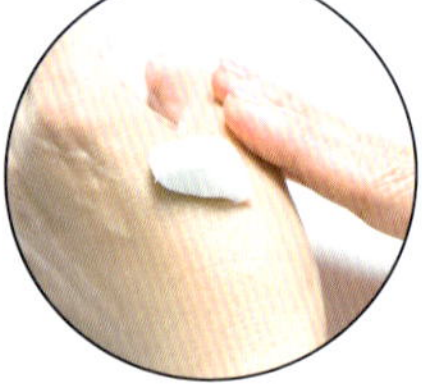

使用量

朝はさくらんぼ1粒大

2 部位によって量を調節

脂浮きなどを防ぐため、皮脂分泌の多いTゾーンは薄めに。また、塗り忘れやすい凹んだ部分は指でなじませるなど、部位で量をコントロール。

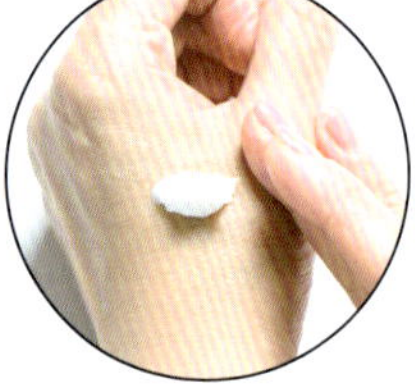

使用量

夜はパール1粒大

3 気になる部分は丁寧に重ねて

しぼみやたるみが気になる目元・口元には、手に残ったクリームを指で入れ込むように、しっかり重ねづけ。

4 両手でプレスしてなじませる

最後は手のひらで優しく顔全体を押さえ、肌表面に残ったクリームをなじませる。これで気になるベタつきも解消。

おすすめアイテム

右／潤いを作り出すライスパワーNo.11配合。コクがあるのにベタつかない快適感触。コーセープロビジョン 米肌 肌潤クリーム 40g ￥5,000　左／フェースラインの引き締め＆ふっくらハリ感をそれぞれケアする２種類のクリームを内蔵。クリニーク フレッシュ プレスト MD リペア クリーム Duo 50ml ￥10,000

「天野メソッド」スキンケアのまとめ

P.42〜81でご紹介した「天野メソッド」
スキンケアの、朝と夜の使用手順をまとめました。
一見手順が多いように見えますが、難しい
テクニックはいらないので、慣れてしまえば
難なくできるようになります。

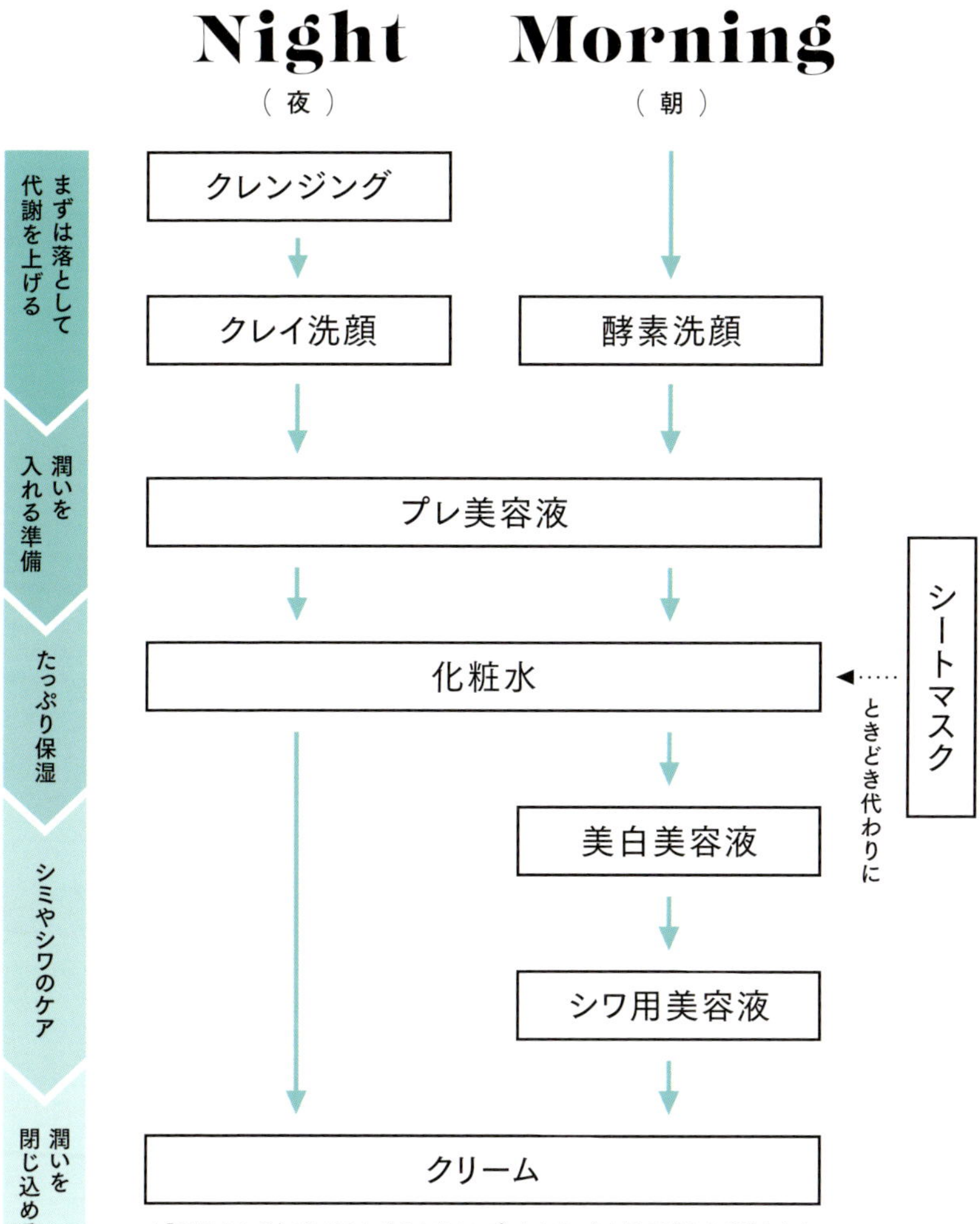

＊「天野メソッド」では夜のお手入れをシンプルにしていますが、丁寧にお手入れしたいという方は、ぜひ美白美容液やシワ用美容液を朝だけでなく夜もお使いください。

my favorites

私が愛用しているコスメをご紹介します

2019年秋現在、私が実際に使っているアイテムです。仕事柄、多くの新製品を試す機会に恵まれているので、より良いと思えるコスメに出会えたらアップデートは怠りません!

夜のクレンジング

肌を保湿していたわる天然成分配合

国産のタマヌオイルをはじめ、成分へのこだわりに共感。肌の上でとろけるようになじみ、メイクもしっかり落ちます。シロ SHIRO タマヌ クレンジングバーム 90g ¥6,500

朝の酵素洗顔

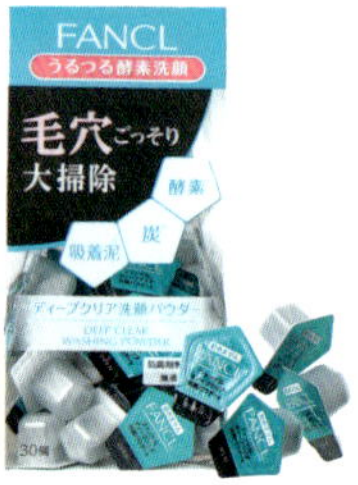

炭&クレイの力で毛穴がすっきり!

炭と吸着泥が入っているので、泡の色はほんのりグレー。毛穴まですっきり洗えるのに、洗い上がりは突っぱりません。ファンケル ディープクリア 洗顔パウダー 30回分 ¥1,800

美白美容液

みずみずしい感触の実力派美白

周囲にファンも多い、美白実感の高い一品。私はほかにしっとりアイテムを多く使うので、このみずみずしさが好バランス。ポーラ ホワイトショット CXS [医薬部外品] 25ml ¥15,000

朝のシートマスク

肌に吸いつくように密着して超保湿

化粧水約30回分を含んだ集中ケアマスク。上下セパレートタイプで、肌にピタッと密着し、大笑いしても剥がれない! 花王 エスト ザ ローション マスク 5セット入 ¥6,000

化粧水

水＆オイルの心地よさを堪能

水分中にオイルの粒が溶け込んで、みずみずしいのに肌はしっとりなめらかになる独特の保湿実感。ヘレナ ルビンスタイン プロディジー リバーシス ローション 200ml ￥15,000

プレ美容液

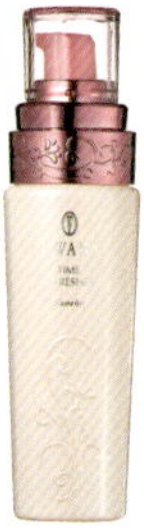

1品で3役の大ヒット導入美容液

導入、マッサージ、パックに使えるロングセラー。『美的GRAND』の記念すべき創刊号で付録にもなりました。カネボウ化粧品 トワニー タイムリフレッシャーt 60ml ￥5,000

プレ美容液

オイルのなめらかさを感じながら角質ケア

オイルを配合した2層タイプ。角質ケアをしながらしっとり艶やかな肌になれるのでお気に入りです。ヘレナ ルビンスタイン リプラスティ プレソリューション 150ml ￥13,500

夜のクレイ洗顔

クレイとハーブですべすべの潤い肌に

ホワイトクレイの吸着効果はもちろんのこと、ハーブ配合で洗い上がりの肌はしっとり。乾燥に悩む大人向けの洗顔料。コスメデコルテ クレイ ブラン 171g ￥3,000

クリーム

塗ったそばからリフトアップ！

ケアの最後に、潤いとハリで肌を満たしてくれる心強い存在。顔がグッと引き上がる感覚はクセになります。エリクシール 美容濃密クリーム 45g ￥8,000(編集部調べ)

シワ用美容液

額、目元、口元…気になるシワに手応え

シワの溝にピタッと密着して、じんわり浸透。特に深かった額のシワが、だんだん目立たなくなってきています。コスメデコルテ iP.Shot アドバンスト［医薬部外品］20g ￥10,000

マルチ美容液

くすみも毛穴も丸ごとケアする強者！

肌色が明るくなり、頬のたるみ毛穴も引き締まって目立たなくなります。ビタミンCの絶大なパワーを再認識させてくれました。ロート製薬 オバジC25セラム ネオ 12ml ￥10,000

一般女性が「天野メソッド」スキンケアを実践しました

P.38～81の「天野メソッド」スキンケアを、肌悩み多き40代、50代の女性が3週間実践。その感想や肌の変化をレポートします。

40代女性代表

小ジワやたるみ、色ムラ…
徐々に深まる肌の変化、ここで食い止めたい！

大島由莉さん
（医療関連会社勤務・42歳）

9歳のお子さんをおもちのワーキングマザー。仕事中は乾燥した室内で一日過ごし、ゆっくりメイク直しする時間もとれないほど忙しい。生活もおのずと不規則になりがち。

「まずは肌の水分と油分のバランスを整えることから。基本のケアを見直しましょう」

40代になってから肌の不調が長引くように

大島さん（以下、大島）　今日はよろしくお願いします。肌についてはいつも何かしら悩みがあって…。自分にとってベストなお手入れ方法を知りたいです。

天野　こちらこそよろしくお願いします。どんな風にお悩みか、具体的に聞かせてください。

大島　鼻周りや頬の毛穴の開き、時々できる口周りの吹き出物が気になります。40代になった頃から、少し無理したり体調をくずしたりすると、すぐに肌に現れてなかなか回復しないんです。

天野　年齢を重ねるにつれ、肌の抵抗力や回復力は低下するので、トラブルが起きやすく、治りにくくなりますよね。だから毎日のケアで、ダメージが起きにくい“元気な肌”をキープすることが大切なんです。

保湿は抜かりなし…のはずなのに、常に乾燥

天野　ご愛用の化粧品を教えてください。

大島　化粧水は、さっぱりした感触のエイジングケア用のものを10年以上使っています。とにかくベタつくのがイヤなんです…。コットンでパッティングして、その後、美容液やアイクリーム、コクのあるクリームを重ねます。

天野　さっぱり化粧水でパッティングだと、40代の肌には潤い不足かもしれません。

大島　そうなんですね！　実は一年中肌が乾燥しているのも悩みの種なんです。

天野　まずはとろみのある良質なしっとり化粧水をたっぷり使ってみてください。この段階で肌が十分に潤えば、その後に使うクリームは今よりベタつきにくい軽めのものでOKですよ。

大島　ほかにも、目尻の小ジワや頬のたるみ、色ムラなどが気になっています。

天野　大島さんの肌悩みの多くは、潤いを与えてあげることでかなり解決するはずです。まずは肌の水分と油分のバランスを最適にするべく、ほかのアイテムも含めて見直していきましょう！

40代女性代表・大島由莉さんの肌年表

1976

誕生

1986

10代

ケアはほとんどせず。肌はニキビが気になるオイリー気味で、あぶらとり紙で浮いた皮脂をひたすら取っていた。

1996

20代前半

母の化粧品を一緒に使うように。親世代向けの化粧品が若い肌に合うわけもなく、肌荒れや吹き出物が慢性化。

2000

20代半ば

社会人になり毎日メイク。肌荒れを隠すためにファンデーションを厚塗りし、吹き出物がさらに悪化…という悪循環に。

20代後半

長年の肌荒れを改善したいと思い立ち、スキンケアを見直すべく、百貨店の化粧品カウンターで初めての肌診断。

2010

30代

某高級ラインの化粧水を使用しはじめ、現在に至る。ライン使いが良いと聞き、美容液やアイクリームも一緒に。

40代突入

気になる老化のサインがちらほら。海外メーカーの高級クリームなど、アイテムを増やしてケアしても解消せず。

Trouble 3大肌悩みは？

Answer 天野のアドバイス

1

洗浄力の高いクレンジングで突っぱるくらいに洗っているのに、**鼻周りや頬の毛穴がいつも開いています。**

↓

強く洗いすぎかも。毛穴の奥まで汚れを落としながらも洗い上がりがなめらかな、クレンジング&洗顔料を試しましょう。

夜のクレンジング

▶P.51

夜のクレイ洗顔

▶P.53

2

忙しかったり体調をくずしたりすると、すぐに肌荒れを起こしたり吹き出物ができたりして、**一晩寝てもなかなか治りません…。**

↓

水分不足が原因です。しっとりタイプのとろみ系化粧水を、今の2～3倍の量をたっぷりと使ってみてください。

プレ美容液

▶P.59

化粧水

▶P.63

3

化粧水の後、美容液、アイクリーム、保湿クリームまで塗っているのに、**肌はずっと乾燥したままです。**

↓

とろみ化粧水で肌がしっとりするので、**軽めの油分でバランスを。**悩み別美容液は**たっぷり重ねてきちんとケア**しましょう。

シワ用美容液

▶P.75

クリーム

▶P.79

「天野メソッド」スキンケアを、こんな風に実践しました

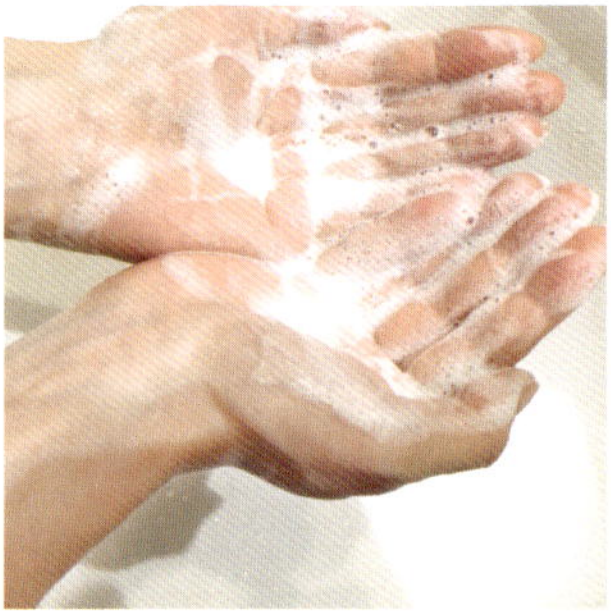

プレ美容液がこんなにいいなんて知らなかった！

「触ると硬い感じだった肌が柔らかく、表面も磨いたかのようにツルツルになりました。後に使う化粧水のなじみも格段に良くなっていいことずくめ。ぜひリピートしたいです」

洗顔にこだわって鼻周りの毛穴撃退！

「朝は酵素パウダー、夜はクレイ洗顔でしっかり洗ったのですが肌が突っぱりませんでした。数日で鼻の毛穴が目立たなくなってきて、洗顔でここまで変わるなんてびっくりです」

3週間後の肌は弾力が見違えた！

「触ったときの弾力が全然違います。特に化粧水は、量もつけ方も大きく変えて、内側から満ちている感覚がしっかりわかりました。朝のメイクもくずれにくくなりました！」

化粧水はたっぷりと。手のひらを使って入れ込む

「優しくプレスするように塗る。コットンではなく手を使ってみたら、肌がふっくら＆もっちりする感覚がわかりました。アドバイスどおり、いつもの3倍くらいの量を使用！」

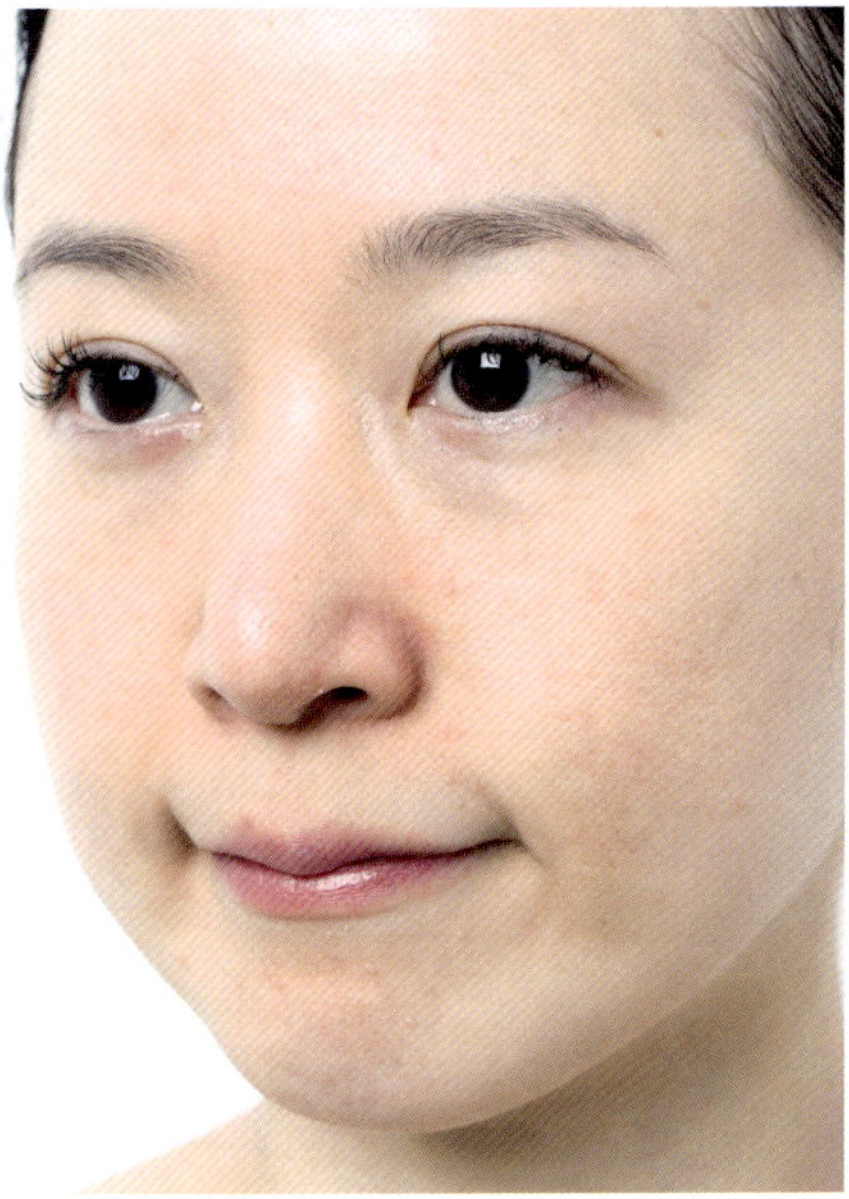

After ← Before

3週間後

透明感とツヤのある
もっちり美肌に！

乾燥によるくすみや
目の下のお疲れ感が…

（ 大島さんの感想 ）

セルフケアだけでここまで変わるとは！

「たっぷりの潤いを与えるプレ美容液と化粧水。この2品が、水分不足だった私の肌を大きく変えてくれました！

写真を見比べると、明らかにツヤが出て、目の下のどんより感も消え、フェースラインまですっきり。たった3週間でここまで変わるんですね。

また、汚れをしっかり落としつつ、肌の潤いは守ってくれる洗顔料にこだわる大切さも、改めて実感できました。

最近仕事が忙しく、疲れがたまっていたのですが、肌が元気でいてくれたせいか、いつものように調子がガクンとは落ちなかったですね。これからも潤い重視のケアを続け、ナチュラルメイクでも自信がもてる美肌を目指します。ありがとうございました！」

どんよりお疲れ顔が
見違える明るさに！
我ながらこの変化に
驚きました

50代女性代表

毛穴の開きとたるみが悩み。
薄メイクが似合う美肌になりたい！

本多由紀子さん
（会社員・50歳）

ご友人や同僚の方が頼りにする程美容に詳しく、スキンケアアイテムもいろいろと試してきた経験あり。お手入れだけでなく、インナーケアやトレーニングも積極的に実践中！

「肌の変化に応じて
最適な化粧品を投入すれば、
美肌はキープできます」

これまでなかった エイジング悩みが出現

本多さん（以下、本多） 愛読している『美的GRAND』の編集長にお会いできて感激です。

天野 いつもご愛読ありがとうございます。本多さんの肌は、年齢を感じさせない透明感があってきれいですね。普段からスキンケアに気を遣っていらっしゃるとお見受けしました。

本多 本当ですか？ うれしいです。昔から美容が大好きで、美容雑誌を何冊も愛読したり、メイクアップアーティストの第一人者・嶋田ちあきさんのメイクレッスンに参加してテクニックを学んだりしていました。数年前からは皮膚科に通い、数か月に一度、角質を剥がしてターンオーバーを促すメニューを受けています。

天野 なるほど、くすみのない白肌はその成果ですね。

本多 でも自分としてはまだまだで、なんといっても気になるのは毛穴。鼻周りを中心に、毛穴が目立つことが長年の悩みです。それから、年齢とともにシワやたるみも…。薄いメイクでもきれいでいられる肌になるのが理想です。

シンプルケアにプラスするべきアイテムは？

天野 さっそく、いつものお手入れを教えてください。

本多 ある美容家の方の提唱する美容法に共感して、普段はオーガニック系のシンプルケアです。クレンジングはオイルとミルクを使い分け、後は化粧水と乳液だけ。アイテム数は少ない方が良いという考え方です。

天野 シンプルケアは良いことですが、少し品数を絞りすぎているかもしれないですね。シワやたるみが気になるのであれば、その対策はしたほうがいいと思います。年齢を重ねた肌なら、悩みの自覚にかかわらず、美白美容液とシワ用美容液、そしてエイジング肌向けのクリームはぜひプラスしてください。

本多 はい、美容液やクリームは種類も多く何を使えばいいかわからなかったので、ぜひアドバイスお願いします！

50代女性代表・本多由紀子さんの肌年表

1969

誕生

1980

10代

小学生のとき、友達に「鼻がポツポツ赤い」と言われてショック！　以来ずっと悩み続け、毛穴のケアに目覚める。

1990

20代

お手入れは毛穴中心で、バイブルは毛穴ケアで有名だった岡村麻未氏の著書『美肌を育てる毛穴革命』(小社)。毛穴が消えると聞けばなんでもトライ！

2000

30代

美容雑誌が続々と創刊。ほぼすべてを毎月購読し、よりきれいな毛穴＆肌を目指してスキンケアを研究し、実践。

30代半ば

とある美容プロデューサーの理念に共感し、クレンジング、化粧水、乳液を中心としたシンプルケアにチェンジ。

2010

40代

皮膚科に通いはじめ、取り去るケア(ピーリング) の効果に感動。普段のスキンケアは変わらずシンプル派。

50代突入

シンプルケア＆皮膚科で悩み解消の処置を行うパターンが定着。毛穴だけでなく、エイジングの悩みも増えてきた。

Trouble 3大肌悩みは?

Answer 天野のアドバイス

1

今までとにかく毛穴ケアを頑張ってきました。でも**頬や鼻周りの毛穴はやっぱりまだまだ気になっています!**

↓

毛穴ケアには、実は**毎日の洗顔も影響大。**朝はもちろん、夜もクレンジングだけで終えずにきちんと洗顔すると変わります。

朝の酵素洗顔

▸P.82

夜のクレイ洗顔

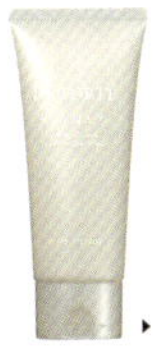

▸P.83

2

年齢を重ねて、**シワやたるみが気になってきました。**でも、何が自分の肌に合うのか、選び方がわかりません…。

↓

シンプルケアだけでなく、50代なら**エイジングに効果のある美容液やクリーム**をプラスしてみてください。

マルチ美容液

▸P.83

クリーム

▸P.83

3

すっぴんでもとりあえずOKな美肌になりたい! 今は**毛穴や赤み、くすみなどが多く、素肌に自信がありません。**

↓

化粧水をたっぷりと使ってください。プレ美容液で準備した肌にはグングン入るはず。透明感がもっとアップしますよ。

プレ美容液

▸P.59

化粧水

▸P.63

「天野メソッド」スキンケアを、こんな風に実践しました

プレ美容液を仕込んで潤い補給もたっぷりと

「プレ美容液を使った後の化粧水は、“入り方„が格段に違う！　うれしくなってコットンパック中。肌が潤いで満たされ、持続するので、メイクくずれがほぼ起こりません」

毛穴が引き締まっていく…洗顔はやはり必要だった！

「洗いすぎは良くないと聞いていたので、朝はぬるま湯、夜はクレンジングのみで洗っていました。酵素洗顔を使ってみたら、たった一度でも頬の毛穴がキュッと締まりました」

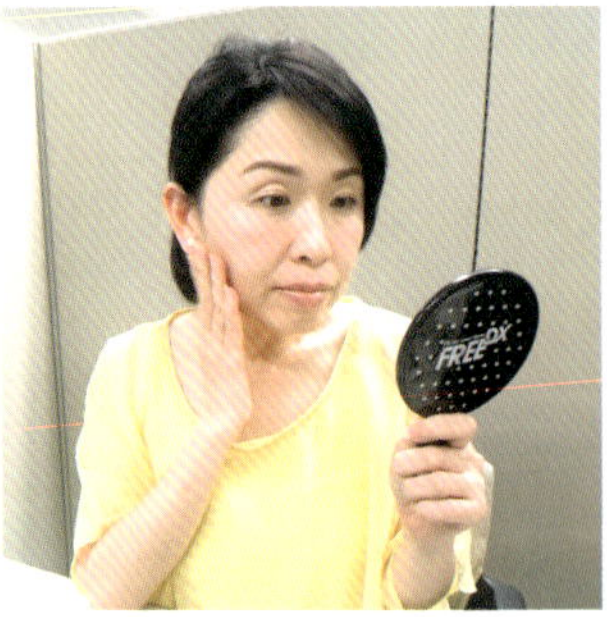

肌がきれいになったと皆から褒められた！

「同僚や友人、インスタグラムのフォロワーの方からも『肌がつるんときれい』『フェースラインがすっきりした』と言われてうれしかった！　頬の毛穴も引き締まった気が」

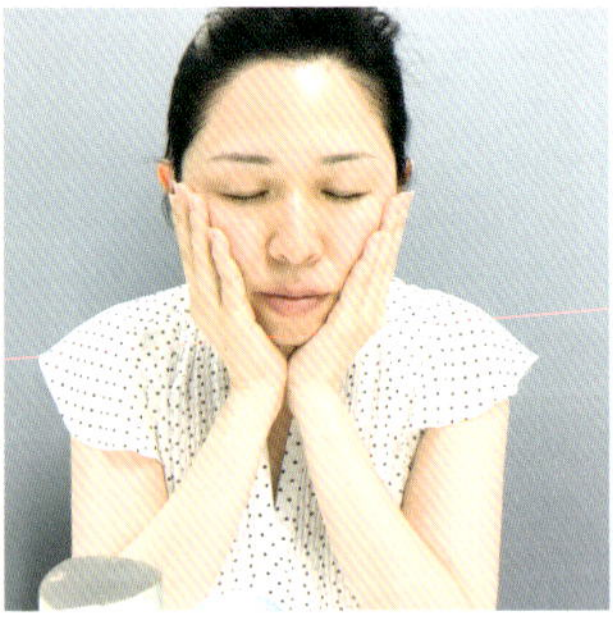

美容液＆クリームで肌がリフトアップ！

「美白とシワ用美容液を使った後、リフトアップ効果のあるクリームを上へ上へと引き上げるように塗ったら、数日でフェースラインまでピンと上がって効果てきめん！」

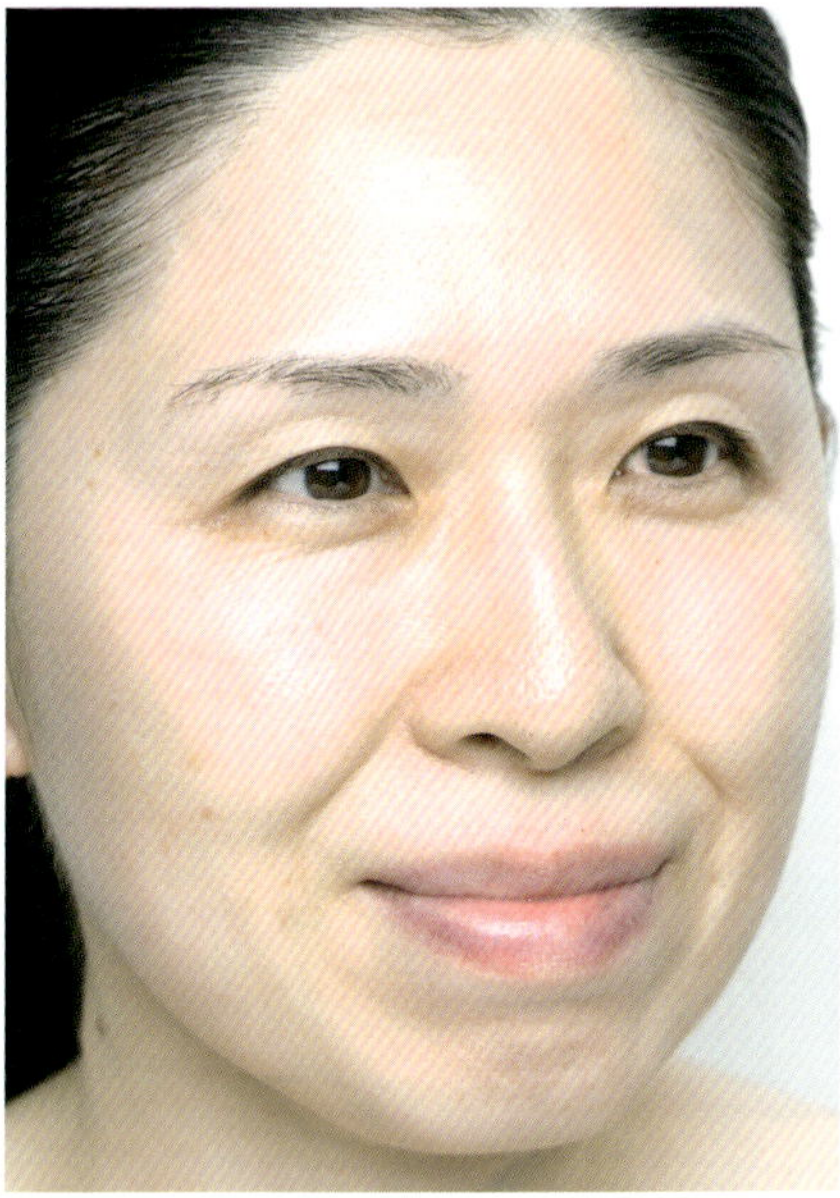

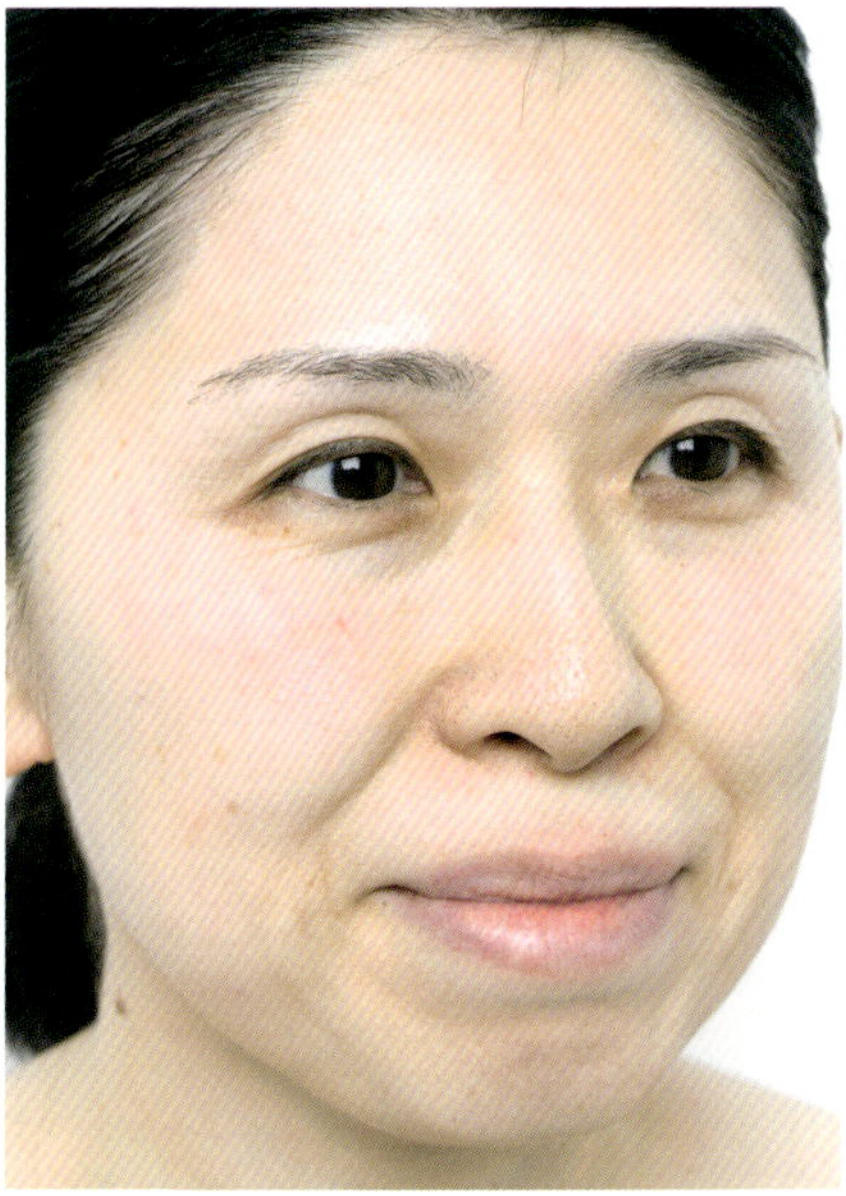

After ← Before

3週間後

頰がキュッと上がって
毛穴も引き締まった！

長年の悩み･毛穴に加え
たるみも感じ始めた肌が…

（ 本多さんの感想 ）

化粧品のパワーを改めて実感！

『天野メソッド』スキンケアを開始して、わずか数日で肌に変化が。特に目からウロコだったのは、洗顔です。ずっと悩んでいた毛穴が、洗顔を改善しただけで目立たなくなったのには、正直びっくり。大人の肌は洗わないくらいがちょうどいい…と信じている友人も多いので、教えてあげようと思います！ アイテム数を減らすシンプルケアを良かれと思って実践してきましたが、エイジングに対して効果のある成分が入った美容液やクリームは使えば使うほどしっかり効果を感じられて、年齢を重ねた肌には欠かせないですね。ここまで変化を実感できると、毎日のケアがより楽しくなります。体験できて本当に良かった！』

〝一皮剝けたみたいにきれい〟と周囲から褒めてもらえて感激！

第3章

全46問にズバリ回答！

一般女性からのお悩み・質問にお答えします

question

(Amano Method)

いつも『美的』や『美的GRAND』をご愛読いただいている読者の皆さんや、一般の女性たちに、美容にまつわる質問を募ったところ本当にたくさんのお声が寄せられました。美容の迷子になっておられる方、加齢の悩みに押しつぶされそうな方…。私の経験を基に出した答えが、少しでも皆さんの自信になれば、と願います。

AMANO METHOD

肌のお悩み相談

Q1 **毎日少しずつ美白ケア**を行うのと、**レーザーで一気に**行うのとでは、どちらがおすすめですか？

（主婦・33歳）

A どちらもおすすめですが、そもそも目的が違います。レーザーはピンポイントでシミを除去しますが、日々の美白ケアは肌全体に透明感を与え、肌質を向上させます。両方できたら最高ですが、私は毎日コツコツ美白派です。

おすすめ美白美容液はP.73へ

Q2 **法令線対策で何かされていること**があれば教えてください。

（ピアニスト・42歳）

A 法令線が目立つ原因は、加齢による頬のたるみと、頬についた脂肪の重みが考えられるので、このふたつに対処します。加齢たるみは引き上げ効果の高いコスメや美顔器で。特にコスメをつけるときは、頬を引き上げながら塗布します。脂肪の重みによる法令線はコスメでも美顔器でも改善できないので、極力太らないように気をつけます。

美容賢者の方々も絶賛の美顔器。顔がキュッと上がるので、イベントや撮影の前日は必ず使用。右から／プロティア・ジャパン エンビロン エレクトロソニック DFモバイル スキンケアデバイス ¥63,000、同 アヴァンス DFP312 セラム 30ml ¥13,000

Q3 自分にかけるお金と時間は、私の世代ではまだまだ確保できません。**お金をかけず奇跡の62歳を目指す方法**を教えてほしいです！

（医療機関受付・46歳）

A お金や時間がなくても、きれいになりたい意識があれば美容はできます。安価な化粧品でも、効果が最大限に生かせる使い方を実践してください。例えば化粧水が浸透しやすいように手のひらで押し込む、クリームを塗りながら手で肌を引き上げるなど、自分の手のひらを活用してスキンケアの効きを倍増させましょう。

クリームの引き上げ塗り

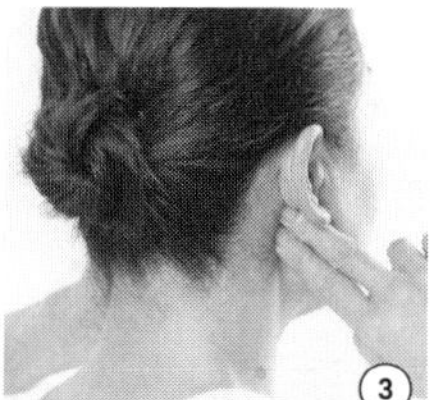

フェースラインはあごのラインから耳の後ろまでのばす。

ゆるんだ目元は、こめかみ方向にグッと引き上げて。

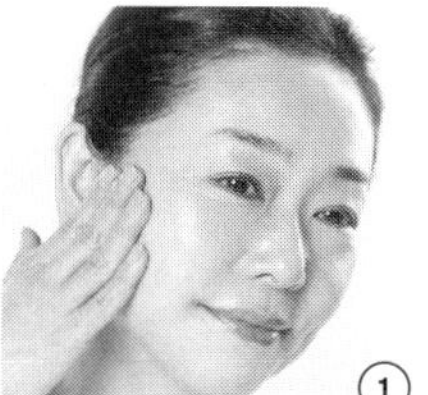

頬は、法令線が消えるくらい斜め上方向にリフトアップ。

Q4 首や手など、**年齢が出やすい部分のケア法は？**

（会社員・28歳）

A スキンケアの全工程は、すべて首やデコルテまでのばしています。手は常にハンドクリームを常備して、洗う度に保湿しています。ハンドクリームはなんでもいいです。乾燥状態を放っておかないことが重要です。

Q5

25歳を過ぎて肌の揺らぎを感じるようになり、**最近ではどんなにケアをしているつもりでも、肌がくすんで老けて見えるようになってきました。**美しさを保つ秘訣を教えてください。

（会社員・27歳）

A

くすみの原因のひとつとして考えられるのは、ターンオーバーの乱れによる角質肥厚です。古くなった角質を除去して、顔一面が新しい角質で満たされるように、角質ケアを行いましょう。角質ケアは肌を傷めるというイメージをもつ方がいらっしゃいますが、肌に優しい化粧品を選べば大丈夫。定期的な角質ケアこそが透明感のある美肌作りのポイントです。

泥や炭の洗浄力で、大人の肌にたまりやすい不要物を優しくオフ。SUQQU クレイ ピューリファイング スクラブ 75g ￥5,000

アロエベラやコンニャクなど、こだわりの配合成分が秀逸！ ITRIM エレメンタリー フェイシャルゴマージュ 100g ￥12,000

Q6

仕事の都合で昼食時間がとても短いです。**パッと片手で食べられて美肌によい食事を教えて**いただきたいです。

（会社員・26歳）

A

玄米おにぎりをおすすめします。玄米はビタミンB群、ミネラル、食物繊維が豊富で、美肌につながります。私は自家製のじゃこひじきを混ぜて、カルシウムも補っています。腹もちがよくて、夜までお腹が減らないのも良いです。

Q7 一般の主婦でもできる、**肌に透明感やハリをもたせるプチプラ化粧品**を教えてください。

（アルバイト・55歳）

A プチプラコスメで質のいいものはたくさんあります。
ほんの一部ですが私からのおすすめをご紹介します。

エイジングサインに悩む大人の肌向け。濃厚な保湿効果でハリとツヤが実感できます。右から／カネボウ化粧品 フレッシェル ローション（EX）N 200ml ¥1,600、同 ミルク（EX）N 130ml ¥1,600（ともに編集部調べ）

美白だけでなく、ハリや乾燥対策も同時にケアする万能選手。右から／資生堂 アクアレーベル ホワイトケア ローション M［医薬部外品］200ml ¥1,400、同 クリーム［医薬部外品］50g ¥1,800（ともに編集部調べ）

Q8 仕事と家事の合間の、隙間時間でもできる美容法があれば教えてください！

最近顔がゆるんできた気がして怯えています。

（ライター・45歳）

A 顔の筋肉を鍛えて、筋肉ごと引き上げるエクササイズがおすすめです。

唇を真横に思いっきり開いて5秒。これを10回程繰り返してください。名づけて"イーッ運動"。デスクで、家庭で、いつでもできます。人には見られないほうがいいですね。

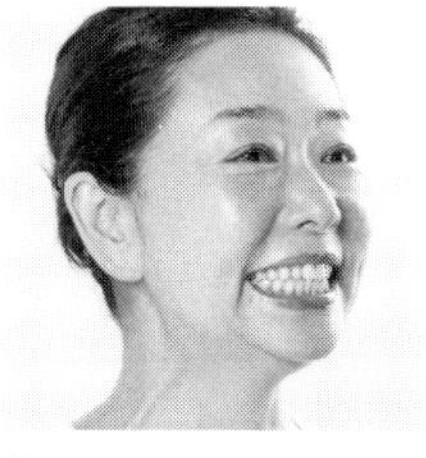

普段はほとんど使わない口周りやフェースラインの筋肉を動かすことで、輪郭もすっきり。

Q9 目の下の小ジワが気になりはじめました。おすすめのお手入れ法を教えてください。

（会社員・34歳）

A

目元は顔の中でも特殊な部位です。乾きやすく、くすみやすく、変化が出やすい。目元に少しでも異変を感じたら、すぐにP.75でご紹介したシワ用美容液を取り入れるか、アイクリームを使ってください。私は28歳のときに化粧品の販売員さんから「あなたは目元から老けますよ」と予言めいたことを言われ、恐ろしくなってアイクリームを買って以来、現在までずーっとアイクリームは手放せません。アイクリームは小ジワ、くま、くすみなど、目元だけのトラブルに対処した成分で作られています。**目元の老化を遅らせられれば、女の人生勝ったも同然です。**

眼輪筋へのアプローチなど、その進化に驚いた1品。ロート製薬 エピステーム アイパーフェクトショットa 18g ¥11,000

Q10 肌の調子が悪いとき、**速攻で調子を取り戻す必殺のアイテム**はありますか？

（自営業・36歳）

A

不調で肌が乾燥したときは、花王の「キュレル」シリーズを使います。不調で皮脂分泌が過剰ぎみになり、吹き出物ができたときは、アユーラの「リズムコンセントレート」がおすすめです。

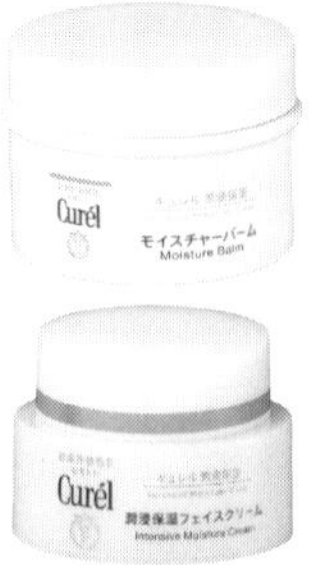

不調が続くと、表面が毛羽立ってくる私の肌。"キュレル"の保湿ケアに徹すると、肌が落ち着いてきます。上から／花王 キュレル モイスチャーバーム［医薬部外品］70g ¥1,800、同 潤浸保湿フェイスクリーム［医薬部外品］40g ¥2,300（ともに編集部調べ）

肌が揺らぎ、吹き出物が気になる日には、美容液のメソッドにこれをプラス。アユーラ リズムコンセントレート 40ml ¥8,000

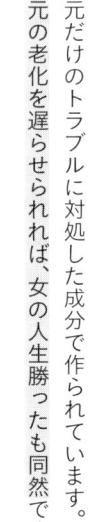

Q11 50代の美容スターターがまず手をつけるのはどこだと思われますか？
スキンケアでしょうか？ それより
メイク研究のほうが手っ取り早いでしょうか。

（不動産会社勤務・56歳）

A まずはスキンケアです。角質ケアと保湿を中心に、毎日朝晩ケアを行ってください。UVケアも怠りなく。肌が美しくなればおのずとメイクも映えます。

Q12 敏感肌と老化が悩みです。
店員さんに勧められれば購入し、雑誌を見て良いと思うものがあれば試し…という状態で、
スキンケア化粧品は増えるばかり。
なんとかならないでしょうか。

（学習塾経営・53歳）

A とても美意識の高い方とお見受けしました。化粧品は使わないとその良さも悪さもわからず、合う・合わないもわかりません。自分にとって良いか悪いかを知ることは、メーカーの特徴を知ることにつながり、自分にとって合う・合わないがわかるということは、自分の肌の理解度が高まっているということです。自分の好きなメーカーと使うべき化粧品が絞れてくると、おのずと美しさも向上していきます。たくさんの化粧品を試したからこそ育まれたあなただけの感覚であり、財産です。化粧品をたくさん試せる方は、そのままどんどんカウンターに通ってください。

もちろん、そういう方は稀です。限りある時間と予算の中で効率的に"この1本"を探したいのであれば、スキンケアの基本である化粧水を効率的に肌へ浸透させる「プレ美容液」に投資してください。いつも使っている化粧水の入りが格段によくなって、その後に使う化粧品の効果も上がります。

おすすめプレ美容液はP.59&P.83へ

Q13

お酒を飲んで帰宅したとき、ちょっとだけと思ってくつろいで、うっかりメイクも落とさずに寝てしまうことが度々あります。肌にはどのくらいの**ダメージがかかっている**のでしょうか。目覚めてからの対処法で、**ダメージを回復させる方法**はありますか？

（金融会社勤務・39歳）

A

ベロベロに酔って帰宅してソファで爆睡、目覚めたら夜中の3時…ってこと、よくあります。酒好きの私の友人なんぞは、寝心地のよいソファがいけないと、硬くて狭くて寝心地の悪いソファに買い換えてみたものの、今度は床で爆睡しているそうです。寝る場所はソファでも床でもいいのです。何はともあれ、メイクは必ず落としてください。メイクを落とさずに寝ると、肌に残ったメイクが酸化して悪さをします。それによってくすみ、肌荒れ、吹き出物、小ジワなどのトラブルが起こります。

そもそも日頃から「クレンジングは面倒」という感覚があるから、酔った勢いでそんな面倒なことできるか！となってしまうのだと思います。クレンジングは簡単！と自身の脳にインプットしてください。そのために必要なのは、市販のクレンジングシートの常備。非常時にはコレでメイクはパパッとオフできる。こう脳にたたき込んでください。メイクを拭き取ってしまえば、とりあえずよしとします。その後、間違いなく肌が乾くので、化粧水で補給せずにはいられなくなりますから。翌朝、きちんと洗顔して、保湿が足りていない肌にシートマスクで水分補給をしてあげましょう。

Q14 口元ケアは、法令線やマリオネットラインの予防につながるのではないかと思うのですが、**おすすめの口元ケア**はありますか？

（メイク教室講師・61歳）

A 鼻の下、唇の周りの皮膚は加齢によってシワが発生します。このシワが唇をしぼませ、唇を痩せさせます。痩せた唇ではリップメイクが映えなくなります。私はリップメイクが大好きなので、唇を痩せさせてなるものかと毎日鼻の下の皮膚に闘いを挑んでいます。もちろん、唇を痩せさせないために、唇そのものを常に弾力のある状態にしておかないといけません。唇には濃密なリップクリームを頻繁につけ足し、鼻の下、唇の周りから法令線、マリオネットラインまでクリームを塗って、シワが発生しないようにケアをしています。

Q15 奇跡の60代を過ごすために**30代でやるべきこと、怠ってはいけないこと、逆に30代から取り入れたほうがよかったと後悔していることが**あったら教えてください。

（主婦・30歳）

A アイケアはマストです。これは自分自身、20代後半からやってきてよかったなと思っています。30代から取り入れたほうがいいことはＵＶケアです。私の世代は若い頃、日焼けに抵抗がなかったので、ＵＶケアという習慣がありませんでした。むしろ、日焼け肌に似合うメイクを目指し、友人と競うように焼いていました。20代、30代から紫外線を目の敵にしながらＵＶケアをしていれば、今も色白で透明感のある肌だったと思います。

右／ピンク色がくすみを一掃。ランコム UV エクスペール トーン アップ ローズ SPF50+・PA++++ 30ml ￥5,800　左／敏感肌にも安心の処方。ラ ロッシュ ポゼ UVイデア XL プロテクショントーンアップ SPF50+・PA++++ 30ml ￥3,400

AMANO METHOD

天野編集長について知りたい!

Q16 毎日欠かさず美容のためにやっていることがあれば知りたいです。

（販売員・30歳）

A 毎日生き生きと元気に見えることを目標にしていて、そのために必要なのは艶だと思っています。髪にも肌にも、そして心にも。艶があれば、元気に明るく、そして若々しく見えます。肌の艶に関してはほかのページを読んでいただくとして、髪は傷んだ髪を復活させながら艶を与えてくれるシャンプー＆トリートメント、オイルを厳選しています。

右／うねりがまっすぐに！　花王 エッセンシャル flat くせ・うねりときほぐしセラム 120ml ¥1,200（編集部調べ）　左／水分を含むオイルで、みずみずしい艶。ミルボン オージュア ディオーラム エンゲージセラム 100ml ¥4,500（サロン専売品）

髪がまとまらず悩んでいたときに紹介してもらいました。ダメージ毛に関する研究とテクノロジーがすばらしく、今はこれがベスト。右から／ミルボン オージュア エクイアル ヘアトリートメント 250g ¥4,500、同 シャンプー 250ml ¥3,500（ともにサロン専売品）

Q17 驚異的にお若い秘訣は食べ物や飲み物にもあると思うのですが、**積極的に取り入れているもの、逆に避けているもの**はありますか？

（パート・43歳）

A 基本的によく食べてお酒も飲みますが、飽食な日々が続いていることを自覚したら、デトックスを目的に3日間、コールドプレスジュースによる「ジュースクレンジング」を行います。腸や肝臓などの内臓を浄化させることで、肌も本来の艶感を取り戻すような気がします。

Q18 **自分の見た目に老化を見つけたとき、美容を諦めたくなることは**ありませんか？

（会社員・30歳）

A たとえ老化を見つけても、前よりもよくなっているところを見つけられるようにと、日々美容は諦めません。

Q19 潤いのある艶肌がうらやましいです。**日頃のケアや生活面で気をつけていることが知りたいです。**

（販売員・30歳）

A 一日中潤いがキープできるように朝のスキンケアを入念にしつつ、日中乾きそうになったら、普段から携帯しているバームやクリームで保湿します。

ベタつかないので髪にも手肌にも使えます。資生堂プロフェッショナル ザ グルーミングバーム 35g ￥2,500（サロン専売品）

スティック状で便利。メイクの上からこまめに使っています。コーセープロビジョン 米肌 肌潤エッセンスバーム 9.5g ￥3,500

Q20 いよいよ老化が加速する40代になられた際に、30代とは意識して変えた健康習慣はありますか？

（会社員・39歳）

A

40代から50代にかけて家族が次々と他界したので、おのずと健康を気にかけるようになりました。一時は玄米菜食にこだわりましたが、面倒になったことと、友人からご飯に誘われなくなったのが淋しくて、いつしか普通の食生活に戻っていました。ただ、年齢も年齢なので、常に腹7分目を心がけ、タンパク質と野菜を多く摂るようにしています。サラダはもちろん、オリーブオイルを使った野菜炒めなど。ほかに乳酸菌や酵素は積極的に摂るようにしています。

Q21 ずっと続けている、これだけは欠かしたことがないというお手入れはありますか？

（販売員・36歳）

A 目元ケアだけは欠かしません。

おすすめ目元ケアはP.75＆102へ

Q22 いつまでもエネルギッシュで若々しくいられる、いちばんの秘訣はなんですか？（サロン主宰・41歳）

A 仕事が立て込んでくると疲労が重なり、顔も一気に老け込みます。でも、時間に余裕ができて友人たちと大きな口を開けて笑えるようなひとときがあれば、老け込みは解消できます。私にとっては、友人たちがエネルギーの源です。

Q23 運動は何をどのくらいのペースでやっていますか？（PR・30歳）

A 48歳のときに主人を亡くし、残されたデブ猫2匹とどう生きていこうかと途方に暮れかかったとき、とにかく誰の助けも借りずにひとりで生きていくには、まずは力が必要だと思いトレーニングを開始しました。いろいろなジムに入りましたが、自己流では正しいトレーニングができないと判断して、パーソナルトレーナーをつけて週1回のパーソナルトレーニングを10年以上続けています。マットの上で、裸足で行う自重トレーニングです。おかげでずいぶんと力もちになれました。ついでに慢性的な腰痛も解消されました。

Q24 うわべの話ではなくて、美容整形や美容形成外科などで治療されているのであれば、その治療の種類や金額、**おすすめのクリニック**などを聞きたいです。

（主婦・37歳）

A

整形美容はメスを入れるので抵抗がありますが、肌の活性化のために光治療は時々行っています。化粧品ではできないこと、短期間で効果が欲しいときなどは美容医療頼みです。詳しくは第5章にまとめています。

Q25 遺伝子検査を受けたいと思っています。そのようなものを受けたことはありますか？もしあれば、**どのようなメリットがありましたか？**

（保険会社勤務・33歳）

A

アレルギー検査と肥満遺伝子検査をしました。母親が卵を食べると頭がかゆくなると言っていて、そういえば私もかゆい、母子で卵アレルギーかも…を立証するためにアレルギー検査を行ったら、なんのアレルギーも出ませんでした。気のせいだったようです。肥満遺伝子検査では、私は油分で太ることがわかりました。このふたつの検査のおかげで、卵も糖分も心おきなく摂取できるようになりました。

Q26

お手入れを**本格的に始めたのは何歳頃**からですか。また、肌や髪が**以前と変わったなと感じた年齢**などがあれば教えていただきたいです！（PR・32歳）

A

人は（特に私は）危機感を感じないと動かないタイプなので、肌の老化を感じた30代あたりから本気になりました。乾燥肌ということはわかっていたので、美容液やオイルを取り入れて、保湿人生をスタートさせました。髪はくせ毛がずっと悩みで、ずいぶん早くからストレートパーマをしていたせいで、20代後半からずっと枝毛人生です。現時点でも、頭皮の老化である薄毛や白髪よりも、くせ毛&枝毛対策に注力しています。

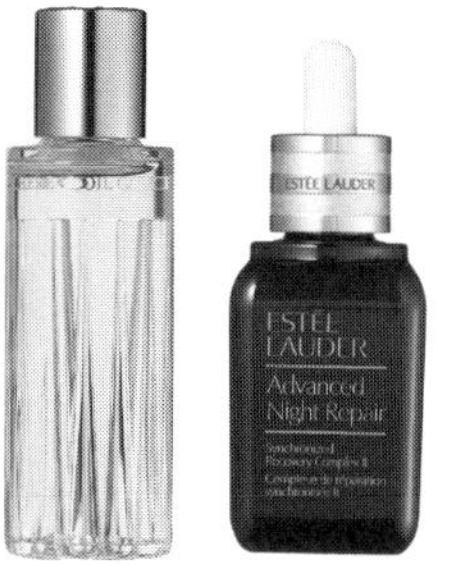

右／初めて使った美容液。思えばこれが、スキンケア目覚めるきっかけに。エスティ ローダー アドバンス ナイト リペア SR コンプレックス II 50ml ￥13,500　左／アルビオンのオイルは、乾燥肌のお守り的存在。アルビオン ハーバルオイル ゴールド 40ml ￥5,000

Q27

きれいでいるモチベーションはどこにありますか？（事務職・50歳）

A 自分を少しでも好きでいたい、これに尽きます。

Q28 忙しい中、ご自分のケアはどう時間を作っていますか？

編集長として心がけていることはありますか？

（会社員・33歳）

A

美容に特別に長い時間をかけているわけではないのですが、時間に追われているときは、1品ですむような化粧品を活用します。最近のおすすめはこちらの2品。特濃ローションというべきこってり感で、これ1品で長時間保湿をかなえます。

右／ローズオイル配合でみずみずしさとしっとり感を両立。ディオール プレステージ ローションド ローズ 150ml ￥15,000　左／もはや化粧水のレベルを超えたコク。コーセー インフィニティ コンセントレート ローション Ⅲ（特濃）160ml ￥5,000（編集部調べ、2019年9月16日発売）

Q29 新しいスキンケアが出ても、**これだけはずーっと使い続けているというスキンケア**があれば教えてください！

（主婦・32歳）

A　ないです。化粧品は新しいものにいつもトライ。最新のテクノロジーを試さない手はないです。

Q30

やはりいちばんは肌！ 20代、30代、40代、50代とどんなケアを行っていたのか知りたいです。

（会社員・34歳）

A

20代は化粧品が好きで、化粧品のカウンターに行くのも好きで、勧められるものはなんでもやっていました。原稿料は生活費以外、ほぼすべて化粧品に投資していました。オルラーヌのアイクリーム、ディオールのクリーム＆ハンドクリームなどなど。また、当時主流だったピールオフパックを週3回やって、パック後の肌のツルツル感を楽しんでいました。

30代は、肌悩みが出てきた年代です。保湿に重点を置いて、特に小ジワが出てきた目元を丁寧にケアしていました。40代は、20～30代で浴び続けた紫外線により、くすみやシミが顕著になって現れ始めたので、美白ケアを取り入れました。

50代は、顔の輪郭がゆるんできたので、たるみケアにシフトしました。60代の今は、保湿を中心に、肌の透明感維持を心がけています。肌に透明感さえあれば老いはカバーできます。角質ケア＆保湿の両輪ケアをメインにしています。

Q31 幸せを感じる瞬間、そして将来の夢は？（自営業・44歳）

A 『美的』編集長の鈴木智恵さんと飲んでいると、心から癒されて幸せになります。夢は、瀬戸内寂聴さんのように生涯現役を貫くことです。

Q32 美容やファッションを参考にされている芸能人はいますか？ また普段、舞台やライブなどには行かれますか？（主婦・50歳）

A 目標は女優のダイアン・キートンです。年齢を重ねても辛口ファッションを凛と着こなす、ハンサムで知的な生き方にずっと憧れています。エンターテインメントは大好きです。エンタメ好きの友人から情報を得て、年に5回は一緒に観ています。劇団新感線、三谷幸喜さん、福田雄一さんなどの舞台が好きです。笑福亭鶴瓶師匠の舞台も好きです。

Q33 睡眠時間はどのくらいとっていますか？（会社員・34歳）

A 6～7時間です。寝不足だと5歳は老けて見えるので、毎日この時間は死守しています。

Q34

45歳を過ぎて更年期に入り、**肌も乾燥がひどく**なってきました。天野編集長は更年期障害の症状はありましたか？

（主婦・47歳）

A

更年期障害はすさまじかったです。サプリ、漢方、ピルなど、ホルモン補充療法でなんとか乗り切りました。肌も絶不調でしたが、ホルモン補充療法に入った途端に改善されました。肌トラブルはお手入れでなんとでもなると信じていましたが、更年期障害を経験して、肌には女性ホルモンが深く関係していることを実感しました。

おすすめ更年期障害ケアはP.148へ

Q35

人がやっていないであろう美容習慣はありますか？

（銀行員・37歳）

A

お風呂で洗顔するとき、シャワーでお湯をかけながら顔をパンパンと強くひっぱたきます（P.53参照）。たるみにくい肌になると聞き、長年続けています。

AMANO METHOD

人生、美容、いろいろ悩んでいます…

Q36 美しく年齢を重ねた若々しい人と、無理に若作りしたイタい人の差はなんでしょうか？（広告代理店勤務・33歳）

A 年相応というあり方は誰にでも必要だと思います。今の自分に見合った髪型、メイク、ファッションを見極めて、今の自分を彩っていくべきだと思います。年齢を重ねても美しく素敵な人は、年齢や時代とともに髪型もメイクもファッションもアップデートできているのだと思います。無理な若作りがイタく見えるのは、その若作りがかえって老いを目立たせていることに気づいていないだけです。

Q37 今まで似合っていたものが似合わなくなったりするようなダメージを、どう乗り越えてきましたか？（公務員・38歳）

A 今までのものが似合わなくなっても、これからは別のものが似合うようになります。それを楽しんできました。

Q38

私のような平々凡々な専業主婦が、それなりのきれいさを保つのは至難の業です。長年、美に関して高いアンテナを張り続けてきた天野編集長とはそもそも環境が違いすぎます。それを考慮した上で、**ほんの少しの努力や心がけで効果が出る美容法**を教えていただきたいです。

（主婦・44歳）

A

私は主婦ではなく、子供を育てた経験もないので、実のところ専業主婦の皆さんの時間の追われ方や重い負担を理解できていないのかもしれません。それを前提とした上で、ひとつご提案さしあげるとしたら、まずは美意識を目覚めさせることからはじめてください。美意識が高まると、美容アンテナが立ちます。仕事や子育ての合間、スマホで検索した美容法から、これだと思う美容法が見つかるはずです。今はそういう時代です。高価な化粧品もヘアケアも必要なく、安価な化粧品やヘアケアでもいいのです。使い方次第。スキンケアはたっぷりと丁寧に使う、ヘアケアは髪質に合ったものを選ぶ、だけ。要はどんな自分になりたいか、なのです。目標とする自分の美しい姿をイメージできれば、美容アンテナはより研ぎ澄まされます。

検索する時間もないとおっしゃるのであれば、きれいに見える方法として、肌と髪に艶を与えるという心がけをもってください。顔と髪の両方に艶があれば、美肌見えは確実です。肌と髪の両方に使えるバームをひとつもっているだけで、きれいを向上させてくれるはずです。

おすすめバームはP.107へ

Q39

40歳になり、最近**周りに励まされることが多く**なりました。実際、自分よりも周りの方が年齢に気を遣うのかな、と思うことも。**服装やメイクが年齢に伴わない、年齢のわりには…と思われているのかな**と不安になります。

（販売員・40歳）

A

周りから励まされるようなぼやきを口にされていませんか？ または、妙なハイテンションがすぎたりしていませんか？ ぼやきグセ、ため息グセ、はしゃぎグセを今一度見直してみてください。年齢を重ねると、それだけで存在感が増してきます。仕事のキャリア的にも存在感は必要ですが、キャラクター的に悪目立ちしないように、ある程度の控えめさは大事にしてください。ぼやきもため息もハイテンションも、ひとつも覚えがないのであれば、何を言われても背筋を伸ばして堂々と。

Q40

歳をとるのが怖いです。
歳を重ねたからこそ楽しめることって、
あるのでしょうか？

（会社員・42歳）

A

長く生きていると、いろんな方と交流できます。今まで気づかなかった人の魅力も見えてくるようになりました。それが何より楽しいです。

Q41

最近、衰えていく体力や容姿の変化に心が折れそうになります。今も美容を頑張っていますが、この先美しく年齢を重ねるためには死ぬ程頑張らないといけないと思うと、女性であることを放棄したくなります。**精神力を養うアドバイスがあれば**お願いいたします。

（病院勤務・33歳）

A

死ぬ程頑張る必要はないです。楽しく頑張るのが美容です。美容を頑張ったとしても、シワもできるし皮膚もたるみます。でも、肌全体がみずみずしく潤っていれば、シワやたるみの見え方は軽減して、美しい評価につながります。それは、それまでの美容が効を奏しているということです。楽しまないと続かないのも美容。日々肌をいたわりながら楽しくスキンケアを続けてください。

Q42

女性として美しく、たくましく生きていく上で**大切にされているマインドや格言**があれば教えていただきたいです。

（秘書・34歳）

A

大切にしているのは「感謝と反省」の心。格言は「人生に無駄なことはひとつもない」。

Q43

ネガティブになったときに、いつも**笑顔でいられる方法はありますか？**

（主婦・34歳）

A

ネガティブになったら、遠い未来を見ます。

Q44

年を重ねるとともに外見は変化していくものだと思います。その変化をどうしてもマイナスに捉えてしまいがちなのですが、**変化との上手な向き合い方はありますか。**

（ＩＴ関連会社勤務・35歳）

A

日本は若者文化が中心で、若さこそが美しいという風潮があります。30歳を越えると、いきなりおばさん扱いされるのも日本独自の風潮です。だから比較対象が若者になりがちで、加齢をマイナスイメージに捉えてしまうのだと思います。今日から目線を変えてみませんか？　私のいちばんの目標はダイアン・キートンですが、ほかにも宮本信子さん、草笛光子さんらを目標にしています。この方々のように、肌と笑顔が美しい大人になれたらと思っています。目線を上げると、美容の意欲も上向きます。

Q45

最近、女友達に**マウンティングされていると感じて**、自分から女友達と距離をとってしまい、どんどん友達が減ってきている気がします。マウンティングにはどう対応したら良いですか？

（会社員・33歳）

A

私は童顔だったせいか年下に見られがちで、大なり小なりのマウンティングをたくさん受けてきた人生でした。また、人見知りで利口そうなことが言えない自分にも原因があると思いつつ、マウンティングもありがたい言葉として受け止めるようにしていました。でも、ありがたくもないマウンティングだったら、マウンティングの空気を作らないようにする、つまり弱さを露骨に見せないことに限ります。それでもマウンティングされたら、マウンティング返しをするか、友達をやめましょう。私ならそうします。

Q46

「もうおしゃれをする年じゃない」「今さらきれいになってどうするの？」といった、**世間からの外圧に負けそうになる**ときがあります。そんな外圧をかわしてきれいを貫き通す方法はありますか？

（主婦・41歳）

A

女友達と食事中に美容の話題になりました。私は「顔がたるんできたから、美容外科で引っ張り上げたい」と言い、けっこう本気でした。そのとき、女友達のひとりに「そんなに若くなりたいの？ もう今さらいいでしょーよ」と言われ、わりと傷つきました。これ、外圧ですよね。でも、後からよく考えて、確かに痛い思いをしてお金をかけてまで若返りすることはないなと思い直しました。あなたももしかしたら、今のおしゃれやメイクが若見えに走りすぎているのではないでしょうか。それに対する忠告なのかもしれません。いや、そんなはずはないとおっしゃるのであれば、ご自分に合うおしゃれや美容を追求して、その美しさが羨望の対象になるまで貫いてみてはと思います。そうすれば外圧も気にならなくなると思います。

column01

新しいコト、モノが大好き なんでもトライ！

ライターの仕事をはじめた20代前半の頃、媒体によって写真は自分で撮っていました。当時の彼が使っていたニコンの一眼レフを譲り受け、カメラの仕組みを教わりつつ、自分でもマニュアル本を買ってひととおり覚えました。きれいな写真が撮れると面白さも増して、レンズも広角から望遠までそろえ、いっぱしのカメラマンを気取ってあちらこちらで撮影をしていました。

地方での仕事があって、一般の方々と一緒に観光バスに乗って目的地へ向かったときのことです。知らない年配の女性がやってきて、自分のカメラにフィルムを入れてほしいとお願いされました。私が大きめのカメラを抱えていたので、頼れると思われたのでしょう。初めて手にするコンパクトカメラでしたが、たやすいことなので気軽に引き受けました。それを見ていた別の年配の女性が同じようにお願いをしてきて、結局バスに同乗していた女性たちのフィルム装填係になっていました。イヤだったわけではないのですが、不思議だったのが、フィルムがなくなる度に何度もお願いされたこと。私の手順を見て覚えれば、次から人に頼む手間も面倒も

自宅用にMacBookPro、携帯用にMacBookを使い分けています。iPadは全部で3台。新しいガジェットがリリースされると、すぐにショップに出向いて触りに行きます。

なくなるのに。そのときわかったのは、彼女たちに覚える気がまったくないということです。わからないから人任せ。カメラのフィルムをめぐる些細な出来事ですが、20代前半だった私は、人に頼ってばかりの女性にはなるまいと決めました。

カメラも携帯電話もアナログからデジタルになり、もはやPCがないと仕事になりません。カメラを譲ってくれた彼と結婚して、年月を経て彼が他界した後、今度は彼が遺したMacBookを譲り受けることになりました。PCの扱いは苦手だったのですが、マニュアル本に首っ引きで使い方を覚え、これをきっかけにiPhone、iPadと、気がつけばガジェットフリークになっていました。現在、iPadだけでも3台所有していて、iPadProはPCの代用であり手書きノートとして、iPadAirは料理のレシピ閲覧など自宅での趣味用に、iPadminiは軽量だからPCと一緒にもち歩くとき用にと、この台数、人が聞いたら無駄だと呆れられると思います。

年齢のわりにデジタル機器が操れると感心されることが多々ありますが、もともと物を整理するのが苦手で、ノートや書類などもすぐに見失うから、ガジェットを活用したペーパーレス化は私にとっては好都合。

いちいち人に頼っていたらここまで自在に扱うことはできず、利便性の恩恵を受けることもなかったと思います。今思うと、20代のあのときの経験が生きているように思います。

第4章

私の美容人生

beauty biography

(Amano Method)

この章では、私自身の歴史を少しだけお話したいと思います。成人してから多くの時間を、雑誌の編集という仕事に費やしてきました。仕事は私の宝物であり、そこで得た仲間たちもまた宝物です。そういった宝物のひとつひとつにときめいていることが、いつまでも若いと言っていただける秘訣なのかもしれません。

BIOGRAPHY

1

美のめざめ

渋谷区の広尾で育ちました。それだけでお嬢様とか家がお金持ちとかもう何百回も言われてきましたが、広尾のお金持ちエリアは高台に位置していて、私は低地にある広尾商店街の中の、贅沢はできないけれど貧乏でもない、普通の家の子供でした。広尾商店街にはさまざまなお店があり、その中に小さな化粧品店がありました。化粧品だけではなく、アクセサリーやぬいぐるみ、置き物など雑貨も陳列されていて、いつ行ってもキラキラと輝いていました。友達の誕生プレゼントといえばそのお店で買うことに決めていて、プレゼントを選ぶついでに、化粧品エリアに並んでいる口紅やアイシャドウをいつまでも眺めていたものです。中学生まではそんな風に眺めるだけで、口紅のテスターすら触ることができませんでした。

そのお店で初めて化粧品を買ったのは高校生のとき。資生堂の300円のアイブロウペンシルです。友達と週替わりで買っていた『セブンティーン』の美容記事がきっかけです。「アイブロウペンシルを下まぶた目尻よりに数ミリ入れると、目が大きくなる」とイラストつきで掲載されていました。そこに紹介されていたのが、資生堂のアイブロウペンシルだったのです。「このペンシル、あのお店の上の棚にあった」と、行き慣れた広尾の化粧品店を思い出し、学校帰りにすぐに行きました。『セブンティーン』に掲載されていたとおり、アイブロウペンシルを下の目尻に少し引いたら、今まで見たこともない、目がはっきりとした大人びた自分になっていました。今思うと、その記事はよく考えられていたと思います。アイライナーペンシルだと芯が柔らかいから濃くつきすぎて高校生には勧められないけれど、アイブロウペンシルなら芯が硬く淡い発色だから、メイクしていることを誰にも知られずに目を大きく見せられるのです。

もちろん当時の私にはそんな分析はできません。ただ、目尻に入れたアイブロウペンシルの薄ぼんやりした影だけで、なんとなく美人に近づいたような、どこかくすぐったい感覚が生まれたのです。

お化粧って、すごい…。あのとき感じた美容への無限の可能性。以来、ずっと化粧品に夢中です。

それから10年後、美容ページの編集者として美容情報を発信する側になりました。私が作る記事、私が誌面で紹介する化粧品をきっかけに、多くの読者が美への憧憬と可能性を抱いていただけたら…。そんな願いを込めて、毎号雑誌を作らせていただいています。

BIOGRAPHY

2 夢は漫画家

最初から編集者を志望していたわけではありません。目指していたのは漫画家です。絵を描くのが好きで、特にかわいい少女を描くのが好きで、漫画雑誌『少女フレンド』や『マーガレット』に掲載されている漫画を真似して、中学生になるとストーリー漫画を描いていました。

漫画家の夢をずっと抱いていたので、高校卒業後は漫画の勉強になると信じてデザイン学校に進学しました。学校に通いながら『別冊マーガレット』の漫画賞に応募を続けていました。でも、いつも努力賞止まりでした。デザイン学校卒業後も漫画家の夢を捨てられず、就職してしまうと漫画が描けないという理由で、就職はせずにアルバイトを選びました。

私には高校のときからつきあっていた彼がいました。名前を天野滋といいます。NSPという岩手出身のフォークグループのリーダーです。アルバイト先を探しているとき、彼が所属しているヤマハ音楽振興会のファンクラブでスタッフを募集していることを聞いて、彼の紹介で仕事をさせていただくことになりました。

当時のヤマハはＮＳＰのほかに世良公則＆Ｔｗｉｓｔ、チャゲ＆飛鳥、クリスタルキングなど、そうそうたるメンバーが所属していて、ファンクラブは朝から晩まで電話が鳴りっぱなし。電話対応、会員管理をはじめ、各アーティストのファンクラブ会報誌まで作っていて、かなりの激務だったと思います。それでも漫画家になる夢は継続していて、ヤマハの社員の方のつてで雑誌『セブンティーン』の編集者を紹介していただき、その方に指導していただくことになりました。勉強中、一度だけ『セブンティーン』の別冊に私の漫画が掲載されたことがあります。漫画家が原稿を落として、穴が空いたページに描かせていただきました。でも、そんな絶好のチャンスさえも次につながるまでには至りませんでした。

あるとき『セブンティーン』の編集者が、別の仕事を振ってくれました。ヤマハでファンクラブの会報を作っているなら、別の芸能事務所の仕事もやってみない？　芸映プロダクションという事務所が、西城秀樹さんのファンクラブ会報製作のスタッフを探しているということでした。西城秀樹さんといえば大スターです。そんな方の仕事が私に務まるのかとおののきましたが、つきあっていた彼の「やってみなよ！」という勧めもあって、やらせていただくことにしました。

この仕事が、私の人生を大きく変えることになりました。

BIOGRAPHY 3

ファンクラブ会報誌時代

西城秀樹さんのファンクラブの会報誌作りをはじめ、同じ事務所に所属する岩崎宏美さん、河合奈保子さん、石川秀美さんらの会報誌まで任され、ヤマハ所属アーティストを入れると、8誌以上の会報誌を作ることになりました。ヤマハのファンクラブ業務は辞めて、フリーライターという肩書きでのスタートです。インタビュー原稿、コンサートのレビュー原稿から、プライベートに踏み込んだ記事まで、そのアーティストを掘り起こして記事にしていく作業が楽しかった。何よりも皆さん、容姿が美しく、人間的にも温かく、会う度に魅了されていきました。漫画家になる夢はいつの間にか消滅していました。

大スターであっても、アイドルであっても、シンガーソングライターであっても、共通していたのは、彼らのクリエイトにかける一途な姿勢でした。レコーディングにもよく立ち会わせていただきましたが、一音にかけるこだわり、ご自身が納得いくまで繰り返される歌入れなど、プロというものの厳しいあり方を目の当たりにしていました。撮影の現場にも立ち会いました。そこに集められたスタッフは、皆一流です。アーティストを中心に、意見を交わしながら各自がプロの手腕をもって作品を作り上げていく。会報誌の編集、ライターという立場上、少し離れた場所から彼らの仕事を眺めながら、もっと力をつけたいと思うようになりました。

プロの編集者のもとで学びながら仕事がしたい。そう思っていた矢先に、雑誌『JJ』でライター募集の記事を見つけました。すぐに応募して、書類審査、面接を経て、『JJ』の特派記者という肩書きで雑誌デビューとなりました。

華やかな誌面とは裏腹に、当時の編集長であった並河さんから、厳しくご指導をいただきました。編集の基本を徹底的にたたき込まれたと思います。相変わらず化粧品が大好きだったので、美容のページを熱望していたのですが、すでにベテランライターがいらっしゃったので、私はおしゃれな女子学生やイケメン男子学生を探して撮影をする仕事に従事していました。審美眼は相当鍛えられました。アーティストの会報誌と並行して5年程『JJ』の記者を務めたあたりで、長くつきあっていた彼と結婚。それを機に『JJ』を辞め、仕事は会報誌のみに絞りました。

ある日、私の友人からの紹介ということで、『CanCam』の編集者から電話が入りました。

「美容ページを希望されているとお聞きしました。一度お会いしませんか?」

BIOGRAPHY 4

美容ライターデビュー

『CanCam』からお声がかかったのは28歳のとき。美容ページを作るというお声がけはあまりにも魅力的で、即座にお受けさせていただきました。

編集部からいただいたテーマをもとにコンテを作り、スタッフ、モデルの手配とともに、化粧品会社にはテーマに合わせた化粧品の貸し出し依頼をかけます。当時は宅配便を使う習慣がなく、ロケバスを使って各社に引き取りに伺っていました。化粧品会社にてPR担当の方から新製品の説明を受け、撮影用の化粧品をお借りして次の化粧品会社に向かう。憧れの化粧品会社におじゃまして、発売前の新製品の説明を受け、化粧品愛に満ちたPRの方とお話ができるのは極上の悦びでした。

仕事を通して美容の知識は確実に広がっていきました。肌内部の構造、皮膚理論の基礎はスキンケア製品を通して学んでいきました。顔のバランスを補うためのメイク法から、バランスを補わずアンバランスを強調して個性を際立たせる方法など、プロのヘアメイクを通してメイクの極意を学ぶことができました。カメラマンからもスタイリストからも、学ぶことは山のようにありました。

よく編集部で徹夜もしました。当時は夫よりも、担当編集者だった藤田基予さんとご飯を食べる方が多かったと思います。

一方で『プチセブン』の編集長だった山岸博さんからお声がけをいただき、読み物ページを依頼されました。女子高校生の失敗談を面白おかしく脚色していくページです。美容から離れた企画でしたが、高校生の体験談が面白くて、クスクス笑いながら原稿を書いていました。読み物ページなのにアンケートは常に上位。書き手の"面白い"は読者にも通じるんだと思っていたら、山岸さんから唐突なお申し出が。『プチセブン』に掲載する連載小説の依頼でした。小説なんて書いたことがなかったけれど、これも経験。小森クスコというペンネーム、後に柊クスコに改名して、4作書かせていただきました。今振り返っても、生涯一多忙だった時期だといえます。

上／『JJ』時代の21歳頃。私は『JJ BOYS』というイケメン男子のページを担当。中央／『CanCam』時代の30歳頃。街頭スナップで訪れたパリで。編集者の三浦牧子さんとアニエスb.を買ってご機嫌。下／『プチセブン』で小説家デビュー。イベントで読者の恋の悩み相談を受けました。担当編集者の兵庫真帆子さん、塩谷薫さんと。

BIOGRAPHY 5

『美的』創刊メンバーに

美容ライターの仕事を、10年程休むことになりました。年齢は33歳。会報誌で携わっていたアーティストが、大ブレイクをしたからです。グループ名はCHAGE&ASKA。会報誌だけではなく、彼らのビジュアル、出版物全般の制作も任され、ほぼ毎日彼らの仕事に追われ、女性誌まで手がまわらなくなっていました。

その代わり、彼らとの仕事では見たこともない景色を見ることができました。海外撮影、海外レコーディング、海外でのライブツアーなど、スタッフらと力を合わせ彼らをサポートしていました。

一方、テレビで化粧品のCMを見かけては、美容ページを思い出していました。女性誌に戻りたいという思いが強くなって、『CanCam』の担当編集者だった藤田基予さんに連絡をしました。彼女は『マフィン』の副編集長になっていました。『マフィン』で美容ページを2回ほど作らせていただいた後のこと。藤田さんから異動することを告げられました。編集長として美容誌を創刊するというのです。この新雑誌を一緒にやらないかとお誘いを受けました。編集デスクとして制作に関わってほしいということ。雑誌名は決まっていました。『美的』です。『プチセブン』で編集長だった山岸博さんが女性誌局のプロデューサーになっていて、彼の命名でした。漢字という意外な雑誌名に最初は違和感を覚えました。

「山岸さんがつけた名前だけど、私がほかのを考えるから」。藤田さんもどうやらピンときていないようで、ちょっと怒ったような口調でそう言いました。

2000年11月に小学館内に編集部ができて、私のデスクも用意していただきました。創刊は2001年3月23日発売の5月号。編集部がいっせいに動き出しました。

ところで、いつまでたっても『美的』に代わる雑誌名が出てきません。

「いろいろ考えたけど、『美的』がいいような気がしてきたんだよね」と藤田さん。確かに、慣れればいい名前かも。私たち編集部員も、そう思うようになりました。

上／2001年3月に刊行された『美的』創刊号。編集長の藤田基予さんの指揮のもとで、一丸となってページを作っていました。中央／漫画で美容法を伝える連載『美容の教科書』を担当。王道の美容ページはなかなか担当させてもらえませんでした。下／創刊1年ほどで美容ページ担当に。大胆に見せるページ作りが好きでした。

BIOGRAPHY

6

『美的GRAND』編集長に

『美的』の編集デスクとしての生活がスタートしました。ページを作るときに忘れてはならないのが、「小学館流」という流儀です。『CanCam』や『プチセブン』で学んだ作り方で、〝わかりやすく、親切に作る〟という、ページ作りのモットーのようなものです。

読者の気持ちに立って、写真的にもレイアウト的にも文章的にもわかりやすく、読者に疑問や不満を抱かせないようなページ作りです。例えばヘアアレンジのページであれば、前だけではなく、後ろがどうなっているのかをちゃんと見せる、メイクのページであれば、アイシャドウがまぶたにどのくらいの広さで入っているのかまで見せるなど、見ている読者のかゆい所に手が届く工夫を、常に考えています。ただ、そればかりを追いすぎると、おしゃれ感が損なわれた野暮ったい誌面になりがちで、雑誌を購読する読者が最も求めている夢も薄くなります。

小学館流の〝わかりやすい〟と、そのときのトレンドを反映させた〝おしゃれ〟を、どうバランスよく入れていくのか…。私たちは未だに試行錯誤を繰り返しているように思います。

創刊から1年たった頃から、『美的』は"らしさ"を出せるようになっていったと思います。メイクやヘアスタイル提案も、読者が真似したくなるようなものを中心に掲載していました。藤田編集長が『美的』の全体テーマを"愛され顔"というワードにシフトしたときから、読者が増大していきました。

あれから18年。『美的』は誰にでも知られる雑誌に成長しました。編集長は藤田さんから数えて、現在の鈴木智恵さんで5代目になります。

私はちょうど16年目で『美的』の編集デスクから退きました。

『美的』を退いた後、3代目の編集長で現在女性メディア局のチーフプロデューサーである兵庫真帆子さんから、大きなチャンスをいただくことになります。40代以上をターゲットにした、『美的GRAND《グラン》』の創刊です。

『美的』のターゲット層は20代後半から30代前半です。美容の悩みといえば、肌の乾燥、目の下のクマ、毛穴の開きなどで、まだまだエイジング悩みを実感していない世代です。一方で、化粧品は研究が進んで、シワ、たるみなどに特化したものが続々と登場しています。これら進化したエイジング化粧品を率先して掲載したいけれど、『美的』の読者には少し早いのかもしれない…。

エイジングが気になるのは、症状が現れ始めたときです。今までなかったシワやたるみを見つけるのは、女性にとってはかなり衝撃な出来事です。すぐにエイジングを止める方法をネットで検索しても、あふれる情報の渦で、ひとつに選定できないまま、お手入れの迷子になる…。こんな状態の方はたくさんいらっしゃいます。症状に合ったピンポイントなケア法や厳選された化粧品が掲載されていて、しかも小学館流の〝読者のかゆい所に手が届く〟ような切り口が満載の、エイジングマガジンが作れないものか…。こういった思いを女性メディア局チーフプロデューサーの兵庫さんに都度都度語っていたら、『美的』を退いた後に言われました。

「佳代子さんが編集長で、〝姉美的〟を作りましょう」

私はフリーランスです。編集長は社内人事で決まるものです。重責すぎる、とても務まるわけはないとずいぶん悩みました。でも、兵庫さんの熱心な説得で、引き受けさせていただきました。

『美的GRAND』という名前で創刊され、現在も順調に刊行させていただいています。1冊読み終えたときには、「私、きれいになれるかも」という可能性を読者に抱いてほしい。その意欲が生まれていてほしい。きれいになれば大人の自分を楽しめます。大人を楽しめる大人が増えると、若い人たちも未来に希望がもてます。

そんな幸せな連鎖をイメージしながら、毎号作らせていただいています。

大人美容が満載の『美的GRAND』

美的GRAND vol.2

2019年1月12日発売。読者の悩みの上位でもある「髪と頭皮」を特集。薄毛、白髪を回避させる方法からシャンコン選びまで掲載。

美的GRAND vol.1

2018年9月12日発売の創刊号。特集テーマはエイジングが最も現れやすい目元。河北裕介さん考案の『温冷ゴーグル』も話題に。

美的GRAND vol.4

2019年7月12日発売。「女は夏に老ける」をテーマに、夏老け回避のための美容10ケ条を紹介。UVケアの効果的な使い方も紹介。

美的GRAND vol.3

2019年3月12日発売。若いときUVケアに無関心だった40代以降の読者に向けて、白肌よりも美しい「白桃肌」になる方法を提案。

column02

美肌のもとは食べること

20代の頃は、よく食べるよねと人から言われていました。よく働いていたので、その分お腹も空いたのだと思います。焼きそばや炒飯などは大盛り、お寿司は1・5人盛りを頼んでいました。女性にしてはけっこうな分量です。そのまま食べ続けていたら、30歳を過ぎた頃から太るようになりました。太ったことになかなか気づけず調子にのって食べ続け、親切な人から指摘されようやく認識して、焦ってダイエットをしました。でも、体型が戻ったらまた食べて太るという、ずっとその繰り返しでした。昔の写真を見ると、太っているか痩せているかのどちらかです。

今は年齢的にも若い頃のように量を食べることはできませんが、だからと言って普通にお腹を満たす程度に食べていたら、確実に太ります。年齢とともに代謝が落ちて太りやすくなる…これは老化の一種とも言えると思います。でも、太るのがイヤで食べないと、顔や肌に如実に現れます。目は落ちくぼみ、肌は乾いてくすみ、5歳以上は衰えて見えます。

玄米はストウブで固めに炊いて、よく噛んで食べます。煎り煮したじゃこひじきを混ぜて、おにぎりに。お味噌汁を一緒にいただけば、鉄分、カルシウム、タンパク質が同時に摂れます。

美は健康の上に成り立ちます。健康は食から生まれます。太りたくない、でも食べないときれいは生まれない…。結論は「体にいいものを食べること」に尽きます。

私がよく食べるのは玄米ご飯です。玄米ご飯に自家製のじゃこひじきを混ぜて、おにぎりにして食べます。これを朝昼兼用にしています。

玄米を食べはじめたきっかけは、15年前に夫が病気になったときです。病気を完治させたくて、食事を玄米菜食に切り替えました。便秘が解消して、体脂肪も減って、夫よりも私が健康になりました。

以来、玄米はずっと食べ続けています。玄米は炊飯器ではなかなか上手に炊けませんが、ストウブで炊くとおいしいことがわかってからは、ずっとストウブです。お肉や卵もよく食べます。タンパク質を摂るためです。肌や髪のためにと思いながら、積極的に食べるようにしています。

これら「美に直結する食べ物」を中心に食べていますが、気をつけているのは腹7分目でやめること。なかなか難しいことですが、足りないと思うのは食べた直後で、20分程たつと物足りない感覚は消えています。食べ終わったらすぐにかたづける、食卓から離れることがコツだと思います。

いいものを腹7分目まで食べて、美と健康を維持していきましょう。

第5章

美容医療とのつきあい方

Medical Beauty

(Amano Method)

美容に悩む後輩女性たちから
「何かやっていますか？」と聞かれることがあります。〝何か〟とは、美容医療のことです。
切ったり、注入したりという本格的なものから
薬を塗ったり光で肌を活性化させるものまで、
美容医療にはさまざまな種類があります。
私なりのつきあい方をお話しします。

美容医療で肌に活！上手に取り入れて肌を活性化させています

化粧品でケアするだけではなく、ときには皮膚科や美容クリニックを受診します。医療や化学の力を借りて、化粧品ではできないことをするためです。

医師のもとで行う治療はいろいろありますが、注射でボトックスやヒアルロン酸を入れる注入治療は、私自身はやりません。10年以上前のことですが、美容クリニックで目の下にヒアルロン酸を注入しました。目の下がくぼんでハリがなくなっていたからです。注入後は目の下がふっくらしたのですが、その顔が不自然に感じて好きになれず、早くヒアルロン酸が吸収されるように、いつも指で目の下を押していました。なかなか元に戻らないことに懲りて、以来注入系はやっていません。

テレビを見ていると、顔が不自然に膨らんだ芸能人をよく見かけます。はたから見て、入れているとわかるくらいまで注入する必要はないのにと思う反面、パンパンに張った肌もエンターテインメントには不可欠なのかなとも。華やかな衣装やメイクや才能で大衆を楽しませる芸能人の肌が、しぼんでいたり影があったら、その魅力は半減どころか台無しになります。特に女優さんや歌手など、美しさと若々しさで夢を与えてくださる方々には、注入系は必要な要素なのかなとも思います。

私も一度懲りてはいるものの、あれからずいぶん時もたって美容医療も進化しているはずだから、自然な仕上がりになる"何か"をしたいとはずっと思っています。

注入系ではなく、レーザーや光などを照射して肌の真皮層や顔筋に刺激を与える治療は、年に2回ほどやっています。私が好んでいるのは、タイタン、ダブロという、肌たるみを改善させる施術です。施術後すぐにキュッとした引き締め実感を得られるものではなく、後からジワジワと効果が表れるものなので、それを期待して施術を受けています。

ほかに肌再生薬として、医師からトレチノインとハイドロキノンを処方していただいています。年に2回、3週間ほど使用して、角質ケアとくすみケアを同時に行っています。日々化粧品で角質ケアや美白ケアを行っていますが、医薬品を挟むことで、効果は倍増します。

内側からの肌ケアとして、ビタミンCが摂取できるトランサミンとシナールも処方していただいています。これは朝晩2回、必ず飲んでいます。

医療と美容、ケアの比率は圧倒的に美容のほうが大きいけれど、適度に入れる医療で肌に活を入れています。

肌再生

塗り薬（トレチノイン、ハイドロキノン）・飲み薬（トランサミン、シナール）

行きつけの皮膚科をもっていたほうが何かと相談にのってもらえます。私は同じ皮膚科に15年以上通っています。急な肌あれや突然の吹き出物など、トラブルが生じたらすぐに駆け込みます。

定期的に処方していただくのが、肌再生薬のトレチノインと美白薬のハイドロキノン。これら薬剤を使って、年に2回程度、集中的に角質ケアと美白ケアを行います。トレチノインは夜だけ使用する角質ケア剤です。これを塗った後に、美白薬のハイドロキノンを重ねます。3週間以上はこれら薬品だけでケアをすませます。古い角質がきれいに剥がれ落ちて、あきらかに肌が明るくツルツルになります。シミやくすみはもちろん、頬の広範囲にできた肝斑も、1か月程度で改善させることができました。

ほかに処方していただいている飲み薬のトランサミンとシナールは、朝晩に必ず飲んで、内側からもシミ、くすみケアをしています。

Medical ―― (トレチノイン／ハイドロキノン)

治療の系統	外用薬
どんな治療？	●トレチノイン：ビタミンA（レチノール）の誘導体を含む塗り薬。アメリカではシワやニキビの治療薬として認可されているが、日本では保険診療外。 ●ハイドロキノン：高いメラニンの漂白作用をもつ塗り薬。シミを薄くすることができる。化粧品に濃度2％までの配合は認可されているが、それ以上の濃度の薬剤は医師による処方が必要。
効果	ふたつを組み合わせて一定期間（3週間程度）塗ることで、肌の代謝とメラニン還元が強力に活性化され、ひと皮剥けたような明るい肌に。
デメリット	使用期間中、肌表面がボロボロ剥けることが多い。また、ハイドロキノンには副作用も報告されている。
費用の目安	1回あたり￥20,000程度(ふたつセットで使用)
受ける頻度の目安	半年〜1年に1回程度

Medical ―― (トランサミン／シナール)

治療の系統	内服薬
どんな治療？	●トランサミン：メラノサイトを活性化させる因子が増えるのを抑え、シミを改善させる内服薬。●シナール：ビタミンCを主体とした内服薬。コラーゲンの産生を促したり、メラニン色素の合成を抑える効果がある。
効果	●トランサミン：濃いシミやもやもやとした肝斑が薄くなる。 ●シナール：肌にハリを出したり、シミを予防したり改善させたりという総合的美肌効果が。
デメリット	即効力のあるものではないので、継続した服用が必要。
費用の目安	●トランサミン：1か月あたり￥5,000程度 ●シナール：1か月あたり￥2,500程度
受ける頻度の目安	医師の指示に従って、基本的には毎日服用

※費用の目安は、診察代や麻酔代などを含みません。

更年期障害

サプリメント・処方薬、ナチュラルホルモン

45歳くらいからです、その症状が現れたのは。

頭皮からあふれる出る大量の汗、顔がカーッと火照るホットフラッシュ、腕の中に虫が走っているようなムズムズ感…。更年期障害の症状はテレビや雑誌で見て知ってはいたので、すぐにホルモン補充療法の治療を開始しました。

最初はサプリからです。女性ホルモンに化学式が似ていると言われる大豆由来のサプリから。でも、数か月もするとまた症状が現れ、今度は漢方薬に切り替えました。加味逍遙散をはじめ、症状に合わせてブレンドしていただいたこともあります。でも、3年程でまた症状が現れはじめました。次に婦人科でトリキュラーというピルを処方いただきました。これがいちばん効いて、10年以上飲んでいました。

60歳を過ぎると体がホルモン不足に慣れてくるから、ホルモン補充療法は必要ないと言われて、一度中止してみたら高血圧になって歩けなくなりました。

今は体内にあるホルモンと化学構造式が同じナチュラルホルモン補充療法に切り替えています。45歳からはじめたこれら治療のおかげで、健康に過ごせています。

Medical ——（ サプリメント・処方薬 ）

治療の系統	サプリメント・内服薬
どんな治療？	大豆イソフラボンなど減少する女性ホルモンの代替となる成分を含んだり、食事でとった大豆イソフラボンの活用を活性化させたりするサプリメントや、女性ホルモンのバランスを整える漢方薬やピルを飲む治療。
効果	加齢によって女性ホルモンが減少することによる、更年期障害のさまざまな症状を緩和させる。
デメリット	継続した服用が必要であり、体質によって効果の出方がさまざま。
費用の目安	種類によって異なる
受ける頻度の目安	医師の指示に従って、基本的には毎日服用

Medical ——（ ナチュラルホルモン ）

治療の系統	内服薬
どんな治療？	体内にあるホルモンと化学構造式が同じホルモン（生体同一性ホルモン）を補充する治療。保険診療内の「合成ホルモン剤」は体内のホルモンに似せたものであり、それに対してナチュラルホルモンは“同一„なので副作用が少ない。
効果	加齢によって女性ホルモンが減少することによる、更年期障害のさまざまな症状を緩和させる。
デメリット	継続した服用が必要。また、個人輸入で購入できるものは、品質がさまざまなのでおすすめできない。
費用の目安	月平均￥50,000程度（薬の種類や容量で異なる）
受ける頻度の目安	医師の指示に従って、基本的には毎日服用

※費用の目安は、診察代や麻酔代などを含みません。

シミ

レーザー治療

頑固なシミが気になる方は、レーザーですっきり取り去ってしまうのもおすすめです。

私が初めてシミとりレーザーをやったのは10年程前のことでした。頬骨あたりに大きなシミができたときです。通っている皮膚科の指示で、最初にトレチノインとハイドロキノンでシミを薄くしてからレーザーをかけるという、2段階方式でした。私の場合、レーザーでのシミ治療はその1回切りです。今は定期的なトレチノインとハイドロキノンと、美白化粧品だけでシミは解決しています。

Medical

治療の系統	レーザー治療
どんな治療？	シミのメラニン色素に反応するレーザーを患部にあて、メラニンを含む細胞を破壊し、代謝によってシミを薄くする。
効果	紫外線や炎症によるシミを薄くする。肝斑など一部のシミには逆効果の場合もあるので、医師の診断が必要。
デメリット	治療時に多少痛みを伴うのと、レーザーの種類によっては数日間かさぶたになったり、テープを貼る必要があることも。
費用の目安	レーザーの種類によって異なる（Qスイッチルビーレーザーで1cm程度のシミを除去する場合、￥10,000程度）
受ける頻度の目安	シミができたとき

※費用の目安は、診察代や麻酔代などを含みません。

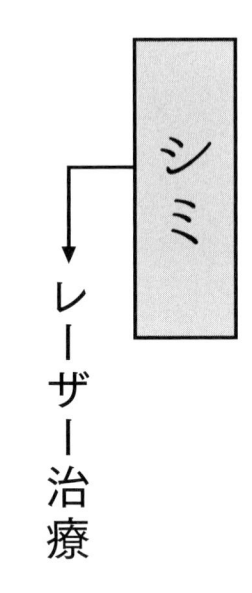

たるみ

ダブロ

美容ジャーナリストの方に勧めていただいた施術です。高密度の超音波が筋膜層に働きかけて、肌の奥からリフトアップを実現するものです。マシンを使った顔筋トレーニングとも言えます。

施術中は振動が骨まで響いて、最初はちょっと怖かったのですが、慣れればその響きが〝効いている感〟に思えてくるから不思議です。

なまった顔筋をダブロで定期的に鍛え上げたいものですが、高額なので個人的には年に1回までかなと思っています。

Medical

治療の系統	超音波治療
どんな治療？	高密度焦点式超音波（HIFU）を利用したたるみ治療。皮下組織の奥にあるSMAS（筋筋膜）という、皮膚の土台に強い熱を与えることで、筋膜のゆるみを引き締めてリフトアップ効果をもたらす。
効果	フェースラインなど気になる部分の自然なリフトアップ効果がある。
デメリット	ダウンタイムはないが、治療時に痛みを伴う。費用が高額。
費用の目安	1回あたり￥150,000程度（顔全体）
受ける頻度の目安	半年に1回程度

※費用の目安は、診察代や麻酔代などを含みません。

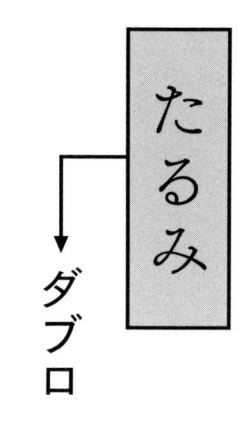

引き締め

タイタン

真皮層に働きかけて、コラーゲンの生成を促す施術です。コラーゲン生成がかなうと、肌にピンとしたハリが生まれます。痛みがほとんどなく気軽に受けられるのが特徴です。

最も効果を感じるのは施術をして3週間以降と言われますが、私は施術後の血色感と艶感が出た肌が好きです。熱と刺激が肌表面を活性させているのだと思います。肌がツルッとしてファンデーションが滑って止まらないくらいの仕上がりになっているので、施術を受けた後はすっぴんで帰るようにしています。

Medical

治療の系統	光(赤外線)治療
どんな治療?	真皮層にある水分を加熱することで、真皮層にあるコラーゲンを熱変性により収縮させ、引き締め効果をもたらす。同時に線維芽細胞を刺激し、長期的なコラーゲンの増生を促す。
効果	治療直後から肌表面が艶やかに引き締まり、持続的な引き締め効果も。
デメリット	熱のかけ方が穏やかで、痛みが少なく気軽に受けられる分、効果も緩やか。
費用の目安	1回あたり¥60,000程度(顔全体)
受ける頻度の目安	1〜2か月おきに1回

※費用の目安は、診察代や麻酔代などを含みません。

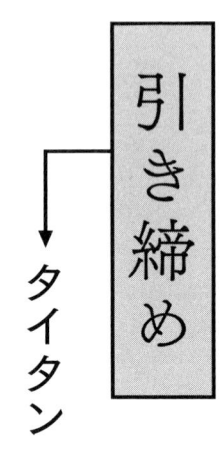

Clinic list

私が定期的に通っているクリニックをご紹介します。
どちらも東京にありますが、地方にも前ページまでの治療を
受けられるクリニックはあるので、ご自身が信頼できる
“かかりつけ医„を見つけてください。

神尾記念病院・美容医療外来

耳鼻咽喉科の専門病院ですが、皮膚科や美容外来を開設しています。湿疹や火傷といった保険診療から、レーザーや光治療まで対応。私は何かあったときにすぐ相談するかかりつけ医としてお世話になっています。

㊟東京都千代田区神田淡路町2-25
☎03-3253-8228
診察／10：00〜17：00（月〜木）、10：00〜18：30（金）
※完全予約制　㊡土・日・祝
http://www.kamino.org/biyou/

松倉クリニック＆メディカルスパ

美容皮膚科・メディカルエステ、美容内科、メディカル痩身、脱毛、毛の外来など美にまつわるあらゆるメニューが揃う老舗の美容クリニックです。総合ナチュラルホルモン補充療法でお世話になっているほか、たまにダブロを受けたりします。

㊟東京都渋谷区神宮前4-11-6 表参道千代田ビル9F
☎03-5414-3600
診察／10：00〜20：00（月〜金）、10：00〜19：00（土・日・祝）
※受付は診察時間終了30分前まで
㊡無休（お盆・正月除く）
URL／www.matsukura-clinic.com

column 03

すっぴん美人には毛が必要

顔が老けるということは、顔が薄くなることです。輪郭がゆるんで目は小さくなって唇はしぼんで…と、各パーツの存在感がなくなることで顔立ちがぼやけ、薄い顔になっていきます。メイクをすると若々しくなるのは、各パーツが際立って、顔の印象が濃くなるからです。

メイク以外で顔を濃くするポイントは、顔の中の毛、つまり眉毛とまつげにあります。眉毛もまつげも年齢を重ねると抜け落ちて薄くなるものですが、なるべく維持するために、眉毛&まつげ美容液は必須です。朝晩美容液でケアをしておけば、抜け落ちても力強い毛が生えて、それだけでも顔に勢いがつきます。

もうひとつおすすめなのが、ティントタイプのアイブロウで眉の地肌を染めること。透けた地肌がほんのりと眉色に染まるので、眉毛がきちんと生えているように見えます。この眉毛の地肌染めをやっていると、すっぴんでもたまに「メイクをしてる?」と聞かれます。眉が濃くなることで顔全体が引き締まって、メイク効果が出るのだと思います。徐々に薄まっていくので、私は週一で染めています。

MAYUGE TINT

程よく自然な
ふんわり眉に

髪の色を選ばない落ち着いたブラウンで、ほんのり自然に染まります。肌表面だけを染める安心処方で落ちにくく、朝のメイクも格段にラクに。かならぼ フジコ 眉ティント SV 01 ショコラブラウン 5g ￥1,280

EYELASH SERUM

大人に欠かせない
“まつ育”アイテム

右／効果が出るまでのスピードを謳っている製品だけに、使って間もないうちからまつげが長く、濃くなったのを実感。無添加処方なのも安心です。フェース グロウアイラッシュ セラム 6ml ￥3,800　左／まつげの生えるメカニズムに着目した美容液で、使い続けるうちに根元からハリ・コシがアップ。目元の存在感が増して、アイメイクが楽しくなりました。資生堂プロフェッショナル アデノバイタル アイラッシュセラム 6g ￥2,300

おわりに

「何を使っていらっしゃるのですか?」

「何をしているのですか?」

お会いした方から、よく聞かれていました。

今日使った化粧品や、よさそうな新製品、最近私が行った美容法など、次々と思い浮かびます。

その中の、どれをその方に教えてさしあげるべきか、何がその方に合いそうか、
迷っているうちに、話題は次に移っていきます。

投げかけられた質問は宙ぶらりんになったまま、たくさんの数になりました。

そんな折りに、突然、単行本のお話をいただきました。

この機会に、宙ぶらりんの質問すべてに答えさせていただこうと思いました。

私が実践している美容法、そして使っている化粧品の情報を

惜しみなく注ぎました。
一人でも多くの方に満足いただけることを心から祈っています。
何もしないで美は生まれません。
でも、それはそんなに難しいことではありません。
まずはその気になってください。
奇跡を作るのはあなた自身です。

最後に感謝を込めて。
私のすべてを巧みに引き出し、ディレクションしてくださった
美容エディターの大塚真里さん、単行本の仕組みが
まったくわからない私に、的確なアドバイスと
見事な構成に落とし込んでくださった、
小学館女性メディア局コンテンツビジネス室の福田葉子さん。
お二人がいなければできなかった1冊です。
ありがとうございました。

天野佳代子

SHOP LIST

RMK Division	0120-988-271
アユーラ	0120-090-030
アルビオン	0120-114-225
イヴ・サンローラン・ボーテ	0120-526-333
ITRIM（イトリン）	0120-151-106
エスティ ローダー	0570-003-770
エリクシールお客様窓口	0120-770-933
花王／エスト、ソフィーナ iP	0120-165-691
花王／キュレル、エッセンシャル flat	0120-165-692
かならぼ	0120-91-3836
カネボウ化粧品	0120-518-520
カネボウ化粧品／トワニー	0120-108281
クオリティファースト	03-6717-6449
クリニーク お客様相談室	0570-003-770
コーセー	0120-526-311
コーセープロビジョン／米肌	0120-018-755
コスメデコルテ	0120-763-325
資生堂お客さま窓口	0120-81-4710
資生堂プロフェッショナルお客さま窓口	0120-81-4710
シロ／ SHIRO	0120-275-606
SUQQU	0120-988-761
タカミお客様相談室	0120-291-714
パルファン・クリスチャン・ディオール	03-3239-0618
ファンケル 美容相談室	0120-35-2222
フェース	0120-945-336
プロティア・ジャパン（Live Active カスタマーサービス）	0120-085-048
ヘレナ ルビンスタイン	03-6911-8287
ポーラお客さま相談室	0120-117111
ミルボンお客様窓口	0120-658-894
ラ ロッシュ ポゼ お客様相談室	03-6911-8572
ランコム	03-6911-8151
ロート製薬 エピステームコール	03-5442-6008
ロート製薬 オバジコール	03-5442-6098
ロハス製薬	0120-966-659

一番右の数字は電話番号です。

掲載商品などの価格は、原則として税抜き表示です。

掲載の情報は 2019 年 9 月現在のもので、変更や商品が廃盤になる可能性がございます。